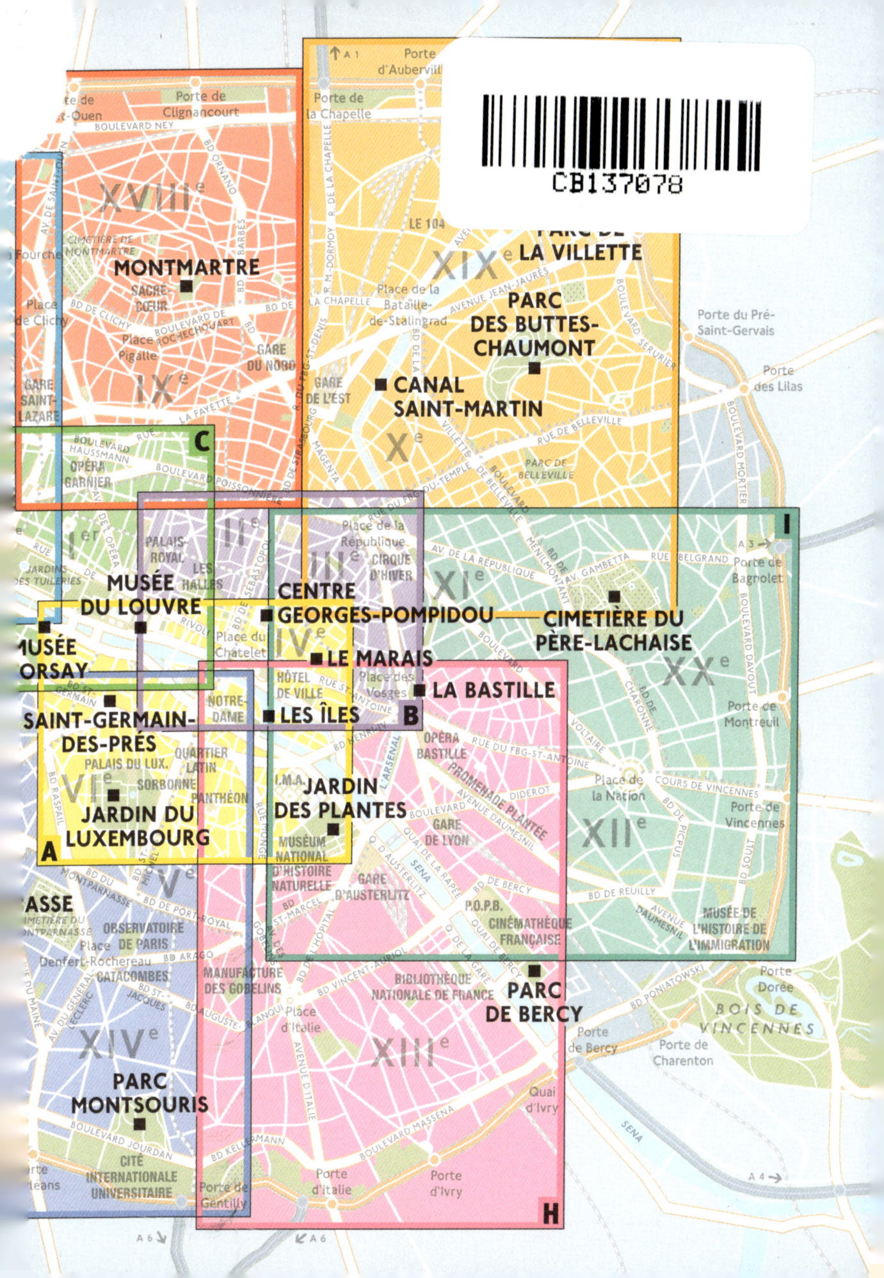

Porte de Clignancourt
BOULEVARD NEY
BD ORNANO
XVIIIe
AV. DE SAINT-OUEN
CIMETIÈRE DE MONTMARTRE
MONTMARTRE
SACRÉ-CŒUR
BD BARBÈS
Place de Clichy
BD DE CLICHY
BOULEVARD DE ROCHECHOUART
Place Pigalle
GARE DU NORD
GARE SAINT-LAZARE
IXe
LA FAYETTE
BOULEVARD HAUSSMANN
OPÉRA GARNIER
BOULEVARD POISSONNIÈRE
C
Porte d'Aubervilliers
A 1
Porte de la Chapelle
R. DE LA CHAPELLE
R. M.-DORMOY
LE 104
XIXe
PARC DE LA VILLETTE
Place de la Bataille-de-Stalingrad
AVENUE JEAN-JAURÈS
PARC DES BUTTES-CHAUMONT
BOULEVARD SÉRURIER
GARE DE L'EST
R. DU FBG-ST-DENIS
CANAL SAINT-MARTIN
Xe
MAGENTA
BD DE STRASBOURG
RUE DE BELLEVILLE
PARC DE BELLEVILLE
BOULEVARD DE BELLEVILLE
Porte du Pré-Saint-Gervais
Porte des Lilas
BOULEVARD MORTIER
Ier
PALAIS-ROYAL
LES HALLES
IIe
BD DE SÉBASTOPOL
Place de la République
IIIe
CIRQUE D'HIVER
RUE DU FBG-DU-TEMPLE
AV. DE LA RÉPUBLIQUE
XIe
AV. GAMBETTA
RUE BELGRAND
A 3
Porte de Bagnolet
BOULEVARD DAVOUT
JARDIN DES TUILERIES
MUSÉE DU LOUVRE
RIVOLI
CENTRE GEORGES-POMPIDOU
CIMETIÈRE DU PÈRE-LACHAISE
MUSÉE D'ORSAY
Place du Châtelet
IVe
LE MARAIS
XXe
HÔTEL DE VILLE
Place des Vosges
LA BASTILLE
RUE ST-ANTOINE
BD DE CHARONNE
Porte de Montreuil
SAINT-GERMAIN-DES-PRÉS
BD ST-GERMAIN
NOTRE-DAME
LES ÎLES
B
OPÉRA BASTILLE
RUE DU FBG-ST-ANTOINE
VOLTAIRE
PALAIS DU LUX.
QUARTIER LATIN
SORBONNE
VIe
PANTHÉON
I.M.A.
JARDIN DES PLANTES
PROMENADE PLANTÉE
DIDEROT
Place de la Nation
COURS DE VINCENNES
Porte de Vincennes
JARDIN DU LUXEMBOURG
BD RASPAIL
RUE MONGE
BOULEVARD
AVENUE DAUMESNIL
GARE DE LYON
XIIe
BD DE PICPUS
A
MUSÉUM NATIONAL D'HISTOIRE NATURELLE
QUAI D'AUSTERLITZ
SENA
QUAI DE LA RAPÉE
BD SOULT
BD DU MONTPARNASSE
Ve
BD DE PORT-ROYAL
GARE D'AUSTERLITZ
BD DE BERCY
BD DE REUILLY
P.O.P.B.
CINÉMATHÈQUE FRANÇAISE
MUSÉE DE L'HISTOIRE DE L'IMMIGRATION
OBSERVATOIRE DE PARIS
Place Denfert-Rochereau
BD ARAGO
BD ST-MARCEL
BD DE L'HÔPITAL
CATACOMBES
MANUFACTURE DES GOBELINS
BD VINCENT-AURIOL
BIBLIOTHÈQUE NATIONALE DE FRANCE
PARC DE BERCY
BD PONIATOWSKI
Porte Dorée
BOIS DE VINCENNES
BD ST-JACQUES
AV. DU GÉNÉRAL LECLERC
BD AUGUSTE-BLANQUI
Place d'Italie
Porte de Bercy
Porte de Charenton
XIVe
XIIIe
AVENUE D'ITALIE
PARC MONTSOURIS
Quai d'Ivry
SENA
BOULEVARD JOURDAN
BD KELLERMANN
BOULEVARD MASSÉNA
CITÉ INTERNATIONALE UNIVERSITAIRE
Porte de Gentilly
Porte d'Italie
Porte d'Ivry
A 4
H
A 6

FAMÍLIA NA PIRÂMIDE DO LOUVRE

→ *Jun-set*
www.pestacles.paris.fr
Para as crianças, concertos, oficinas etc.

Festival de Cinema ao Ar Livre de La Villette (J C2)
→ *Meados jul-meados ago*
www.villette.com
Filmes a céu aberto nos gramados do parque.

Paris Plages
→ *4-5 semanas meados jul-fim ago*
Areia, sol e diversão nas margens do rio Sena e do canal de l'Ourcq.

Setembro

Journées du Patrimoine
→ *3º fim de semana*
www.journeesdupatrimoine.culture.fr
Acesso a monumentos normalmente fechados ao público.

Fête des Jardins
→ *Sáb-dom fim set*
Visitas, oficinas, concertos etc.

Outubro

Fête des Vendanges de Montmartre
→ *2º fim de semana (geralmente)*
Desfiles para comemorar a nova safra de uva.

Nuit Blanche (Noite Branca)
→ *1 noite início out 19h-7h*
Uma noite cultural em que artistas criam eventos em locais inusitados.

Novembro

Salon du Livre et de la Presse Jeunesse
→ *Em Montreuil, últ fim de semana*
Literatura juvenil, HQs, exposições, desenhos animados etc.

Dezembro
Luzes de Natal, roda-gigante da Place de la Concorde (**E** F4) etc.

HORÁRIOS

Lojas
→ *Em geral, seg-sáb 10h-19h; às vezes fecham seg*

Museus
→ *Em geral, 10h-18h*
Museus municipais fecham seg; nacionais, ter. Em certas ocasiões abrem à noite.

Parques e jardins
→ *Em geral, diariam 8h-pôr do sol (9h fim de semana)*

DINHEIRO

Hospedagem
Quarto para 2 pessoas com bnh: aprox. €100; para 3 ou 4: a partir de €150.

Alimentação
Sanduíche: €3,50-5; prato em brasserie: €12-20; menu infantil: €7-10; café: €1,50-3; chocolate quente: €3,50-5

Passeios
Museus: €7-13

ARQUITETURA

Estilo gótico (séc. XII-início do séc. XVI)
Capelas radiantes, abóbadas e arcos ogivais.
Notre-Dame (A E2)

Estilo clássico (séc. XVII-XVIII)
Mansões e edifícios imponentes: decoração discreta e simetria.
Invalides (F F2)

Estilo haussmaniano (séc. XIX)
Prefeito de 1853 a 1870, o Barão Haussmann transformou radicalmente Paris, inalterada desde a Idade Média. Culto do eixo e do uso de pedra. Criação dos Grands Boulevards, desenvolvimento de parques e jardins, ampliação dos esgotos.
Blvd St-Germain (A A2-E3), Jardin du Luxembourg (A B3)

Estilo art nouveau (1893-1912)
Mistura de materiais inovadores e gosto por curvas e assimetrias, caras a Hector Guimard.
Entradas do metrô Abbesses (D B4)

Estilo art déco (1912-39)
Formas geométricas puras e volumetria.
Palais de Chaillot (F D1)

Estilo contemporâneo
Pós-Modernismo e vanguarda.
Musée du Quai-Branly (F D1), Cité de la Mode et du Design (H C3)

Um Zoom na cidade

Bem-vindo a Paris! Uma cidade em escala humana – 12km de leste a oeste, 10km de norte a sul – mas que tem tanta coisa para fazer! Como escolher o que visitar com a família? Apresenta-se aqui uma seleção de dez lugares imperdíveis. No coração de Paris, a Notre-Dame e o panorama oferecido por suas torres, antes do passeio pelas ilhas. Espalhado ao longo do Sena, tanto nas pontes como nas margens, um grande número de mirantes e lugares ideais para fazer uma parada. O rio leva à Torre Eiffel, principal símbolo da capital. Por sua margem esquerda se estendem Saint-Germain-des-Prés e o Quartier Latin, bastiões de uma Paris artística e literária, cada vez mais tomados pela moda. Na margem direita situam-se o Marais, com suas mansões do séc. XVII; Montmartre, com a Sacré-Coeur; e, bem mais para oeste, "a mais bela avenida do mundo", a Champs-Élysées. A leste, o canal Saint-Martin revela todo o seu encanto. Finalmente, entre os museus, não deixe de ir ao Louvre, ao d'Orsay e, para apreciar arte moderna, ao Centre Georges-Pompidou. **Em *Paris com a Família*, todo mundo se diverte junto!**

Bem-vindo a Paris!

- **A** Les Îles / Quartier Latin / Saint-Germain
- **B** Les Halles / Le Marais
- **C** Opéra / Louvre / Orsay
- **D** Montmartre / Grands Boulevards
- **E** Concorde / Champs-Élysées / Batignolles
- **F** Invalides / Torre Eiffel / Trocadéro
- **G** Faubourg Saint-Germain / Montparnasse
- **H** Mouffetard / Place d'Italie / BnF / Bercy
- **I** Bastille / Père-Lachaise
- **J** Canal Saint-Martin / Belleville / La Villette

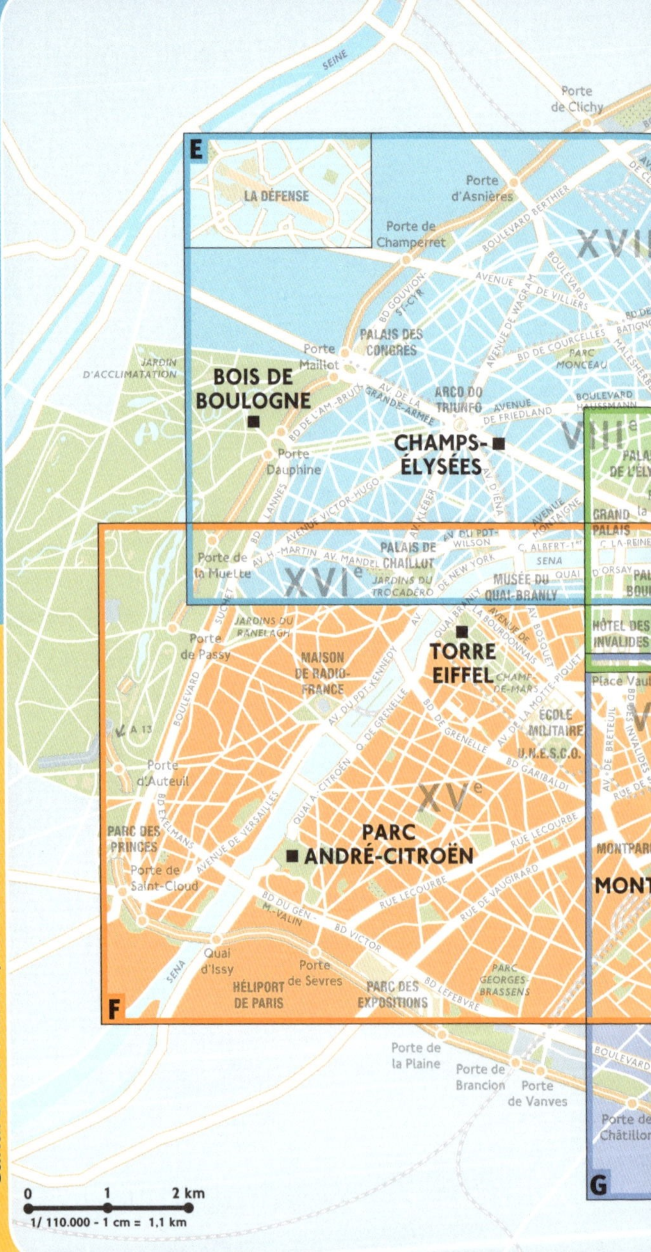

Informações práticas

PERFIL DA CIDADE

- 2,2 milhões de habs. (12,2 milhões na Grande Paris)
- 20 *arrondissements* (distritos)
- Cidade mais visitada do mundo: 29 milhões de turistas por ano
- Todos os dias, 15 mil pessoas vão ver a Mona Lisa; 19 mil, a Torre Eiffel; e 37 mil, a Notre-Dame!
- Rio: Sena, que atravessa 13km da cidade
- 37 pontes
- 384 estações de metrô
- 2.400km de calçadas
- 463 parques e jardins
- 8 mil cafés
- 90 mil pombos

JARDIN D'ACCLIMATATION

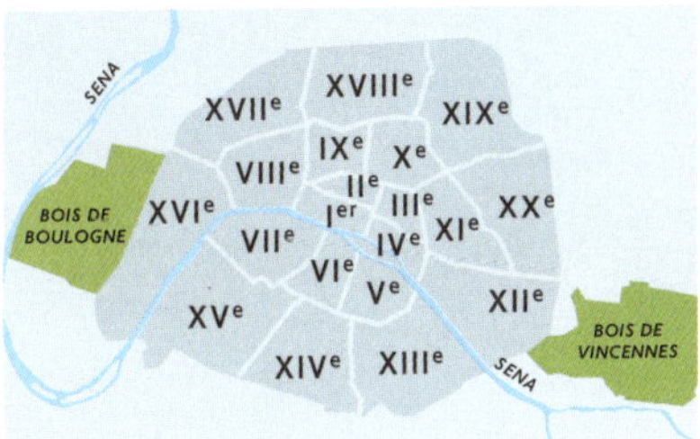

ARRONDISSEMENTS DE PARIS

BREVE HISTÓRIA

52 a.C. Os romanos derrotam os parísios.
508 Clóvis faz de Paris a capital do reinado.
1345 A Catedral de Notre-Dame é concluída.
1789 Queda da Bastilha e Revolução Francesa.
1860 Grandes obras de Haussmann. Paris passa de 12 para 20 distritos.
mai 1871 A Comuna: Paris se rebela.
1900 Jogos Olímpicos, Exposição Universal, inauguração do metrô.
ago 1944 Paris é libertada.
mai 1968 Manifestações estudantis no Quartier Latin.
2007 Inauguração do Vélib'.

INTERNET

Paris on-line
→ *www.parisinfo.com*
Site do escritório de turismo.
→ *www.paris.fr*
Portal oficial da cidade.
→ *www.parismomes.fr*
→ *www.familiscope.fr*
Agenda de passeios.
Cibercafés 24 horas
Milk (**B** C2)
→ *31, blvd Sébastopol (1er)* (**B** B3)
→ *28, rue du Quatre-Septembre (2e)* (**C** E2)
→ *5, rue d'Odessa (14e)* (**G** B3)

INFORMAÇÕES TURÍSTICAS

Office du Tourisme et des Congrès de Paris (**C** D3)
→ *25-27, rue des Pyramides (1e)*
Diariam 10h (9h mai-out)-19h
Por telefone
Informações, reservas em hotéis e excursões. Também abriga escritórios: Gare du Nord (**D** D4), Gare de l'Est (**J** A4), Gare de Lyon (**I** C3), metrô Anvers (**D** C4), Porte de Versailles (**F** D4). Syndicat d'Initiative de Montmartre (independente), place du Tertre (**D** C3).
Embaixada do Brasil em Paris
→ *http://paris.itamaraty.gov.br/fr/*

TELEFONE

Números úteis
Emergências e polícia
→ *Tel 112, 17*
Ambulância e bombeiros
→ *Tel 15, 18*
Emergências pediátricas
→ *Tel 01 44 09 84 85*
SOS Médicos
→ *Tel 36 24*
Informações
→ *Tel 118 712 / 118 218*
Achados e perdidos
→ *Tel 08 21 00 25 25*

ENDEREÇOS ÚTEIS

Hôpital Necker (**G** A2)
→ *149, rue de Sèvres (15e)*
Tel 01 44 49 42 90 / 42 91
Um dos três hospitais pediátricos de Paris. Não leve uma criança a um hospital não pediátrico, pois ela não será atendida.
Produtos infantis
Baby'tems
→ *www.babytems.fr*
Tel 01 83 62 08 64
Aluguel de cadeirinhas para carros e de berços. Entrega no aeroporto.
Serviços de babás
→ *www.family-space.fr*
Tel 07 77 00 90 13
→ *www.baby-sitter-paris.fr*
Tel 09 66 98 08 25
Cerca de €21/h; €150/dia.

CALENDÁRIO

Informações: *www.paris.fr*
Maio
Noite dos Museus
→ *Meados mai*
www.nuitdesmusees.culture.fr
Visitas inusitadas à noite.
Junho
Fête de la Musique
→ *21 jun www.fetedelamusique.culture.fr*
Concertos por toda parte.
Julho-agosto
Fête des Tuileries (**C** C3)
Parque de diversões no Jardim das Tulherias.
Fête Nationale
→ *14 jul*
Fogos de artifício, baile dos bombeiros e desfile militar.
Festival Pestacles / Parc Floral
(fora do mapa **I** F4)

Paris, para quem gosta de...

...história

Musée de Cluny (**A** C3)
Vale pelo edifício medieval, pelo jardinzinho anexo e pelas deslumbrantes coleções de arte medieval, com vitrais, painéis, tapeçarias e armaduras. Obrigatório para os aprendizes de cavaleiro e para as mocinhas que sonham em ser princesa. Oficina sensorial "Toque na pedra, toque na madeira!".

Musée Carnavalet (**B** E3)
A história de Paris adaptada para as crianças, num museu incrível que ocupa duas magníficas mansões. Quadros, móveis, maquetes e reconstituições impressionantes – como os quartos de escritores (entre eles Proust) e um salão de baile art déco – ilustram desde a Pré-História aos dias de hoje. Além das oficinas de arte (desenho e gravura), é possível se familiarizar com as atividades artesanais confeccionando um cartaz ou fabricando um chapéu de plumas. Oficinas para a família igualmente lúdicas.

...arte

Musée du Louvre (**C** E3)
O rei dos museus! Para não se intimidar com o tamanho do lugar, prepare a visita com antecedência, reservando o ingresso e controlando o entusiasmo para não correr o risco de indigestão. Inúmeros roteiros temáticos, como o das 35 obras-primas e o que estuda a representação da criança na arte ocidental, ajudam a explorar as instalações.

Musée d'Orsay (**C** C4)
Em uma antiga estação ferroviária, um espaço único e monumental, essa poderosa e impactante instituição artística expõe obras da segunda metade do séc. XIX a 1914. Impressionismo, é claro, mas também as primeiras reproduções fotográficas, além de esculturas e artes decorativas que testemunham o despertar da modernidade. Como no caso do Louvre, procure comprar o ingresso com antecedência para evitar a espera e poder explorar a programação: roteiros familiares, visitas independentes e oficinas.

Musée Guimet (**F** D1)
Embora especializado em artes asiáticas, esse museu recebe muito bem as crianças. Suas coleções magníficas fazem sonhar e viajar, e as oficinas de ioga e cerâmica propiciam a participação em família. Afluência razoável de pessoas. Parada obrigatória!

...ciências

Musée des Arts et Métiers (**B** D1)
A visita a esse museu começa na estação de metrô Arts-et-Métiers, da linha 11, um fantástico espaço em cobre inspirado em François Schuiten e Benoît Peeters, autores de HQs. O ambiente se estende para as salas, onde um audioguia temático permite explorar todos os recursos. Demonstrações, oficinas e teatro de robôs.

Cité des Sciences et de l'Industrie (**J** C2)
Um lugar em Paris diferente de todos os outros, não só pela programação, cuja quantidade de opções é difícil de superar, mas sobretudo pela proposta: tornar a ciência e as técnicas algo lúdico e inspirador. A localização no parque La Villette é outro trunfo. Dê uma espiada na agenda, que traz exposições temporárias apaixonantes e roteiros na Cité des Enfants (para crianças de 2 a 7 anos e de 5 a 12 anos) totalmente interativos, com máquinas de bolhas de sabão, brincadeiras aquáticas, estúdio de TV, garagem etc. Não se esqueça de reservar.

...animais

Musée de la Chasse et de la Nature (**B** D2)
Mais escondida que o Muséum, mas não menos fascinante, essa instituição dedicada à natureza e ao espaço ocupado pelo ser humano e pelos animais expõe suas coleções de arte animalesca num cenário diferenciado. A sala de troféus é impressionante, e uma área coberta abriga a reconstituição da cabana de caça dos fundadores do lugar.

Muséum National d'Histoire Naturelle (**H** B2)
Um encontro marcado com a emoção: crianças e adultos se juntam ao redor de elementos que povoam a imaginação infantil. Dos animais selvagens empalhados aos dinossauros, tudo é montado para inspirar admiração e respeito, ensinando a importância de preservar. Espaço fascinante no centro do Jardin des Plantes. Uma visita imperdível! Aconselhável fazer reserva.

Zoo de Vincennes (fora do mapa **I** F4)
→ *Esq. de av. Daumesnil com route de la Ceinture-du-Lac (12e) Metrô linha 8 Porte-Dorée ou linha 1 Saint-Mandé, Ônibus 46, 86, 325 Parada Parc-Zoologique Tel 0811 22 41 22 Meados mar-meados out: seg-sex 10h-18h, sáb-dom e feriados 9h30-19h30; meados out-meados mar: diariam 10h-17h Ingressos caros: €22/adulto, €14/criança de até 12 anos*
Após vários anos fechado, o maior zoológico de Paris, fundado há um século, reabriu as portas na primavera de 2014. No estupendo percurso de 4km que contorna as "biozonas", surgem paisagens inesperadas dos pampas da Patagônia, das estepes desérticas e das savanas do Sahel-Sudão, de pântanos e rios da Europa e de florestas tropicais amazônicas e malgaxes. As 130 espécies (mil animais) estão em seu ambiente natural. Dedicado à sua preservação, o zoo desenvolve um programa de criação de animais. Os destaques principais são as girafas e os felinos.

Informações práticas

MUSÉE CARNAVALET

CICLOVIA

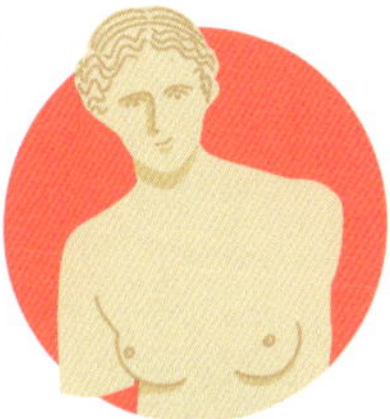

LOUVRE

ZOO DE VINCENNES

MUSÉE DE CLUNY

CATACOMBES

MUSÉE DES ARTS ET MÉTIERS

...esporte

Stade de France (fora do mapa **J** A1)
→ *RER B Estação Plaine-Stade de France, RER D Estação Stade-de-France-Saint-Denis, Metrô linha 13 Saint-Denis-Porte-de-Paris accueil.stadefrance.com*
Inaugurado em 1998 para a Copa do Mundo de Futebol, o maior estádio francês tem capacidade para 81.338 espectadores. Se não tiver a oportunidade de conhecê-lo durante um evento esportivo ou um show, você pode visitá-lo e percorrer seus bastidores (reserve).

Aquaboulevard (**F** C4)
Imenso parque aquático urbano, o Aquaboulevard divide-se em dois espaços, interno e externo, com banheiras de hidromassagem, piscinas com ondas, correnteza artificial e tobogãs gigantes (Aquajonas para os menores, Aquamikaze para os maiores). Quebra de rotina garantida!

...emoções fortes

Catacombes (**G** C4)
Um ossário impressionante, que se estende ao longo de 2km sob uma temperatura de 14°C. Macabro, mas apaixonante! Atenção: a fila de espera costuma ser longa.

Torre Eiffel (**F** D1)
Símbolo universal da capital francesa. A subida até o topo, a despeito da fila e, às vezes, até mesmo do mau tempo, proporciona sensações inesquecíveis. Caso esteja acompanhado de crianças, providencie um ingresso preferencial. A escada só leva até o segundo andar (que já é sensacional); para chegar ao topo, pegue o elevador.

...navegar ou pedalar

Bateaux-Mouches (**F** E1) /
Bateaux Parisiens (**F** D1)
→ *www.bateaux-mouches.fr (Port de la Conférence) www.bateauxparisiens.com (Port de la Bourdonnais)*
Os Bateaux-Mouches são um clássico. O ideal é navegar à noite, quando as luzes ampliam a dimensão da cidade, ou na hora de um descanso. Os Bateaux Parisiens, aos pés da Torre Eiffel, são divertidos para crianças de 5 a 11 anos.

Paris Bike Tour (**B** C2) /
Paris à Vélo C'Est Sympa (**I** B1)
→ *13, rue Brantôme (3e) Tel 01 42 74 22 14 Diariam 9h30-18h30 www.parisbiketour.net / 22, rue Alphonse-Baudin (11e) Tel 01 48 87 60 01 Diariam 9h30-18h www.parisvelosympa.com*
Duas locadoras sérias e bem-equipadas. Em Paris, a bicicleta deixa o carro para trás. Agradável, excitante e ecológica! Aluguel de bicicletas leves e novas. Se necessário, são fornecidos capacete, cesta e cadeira de criança.

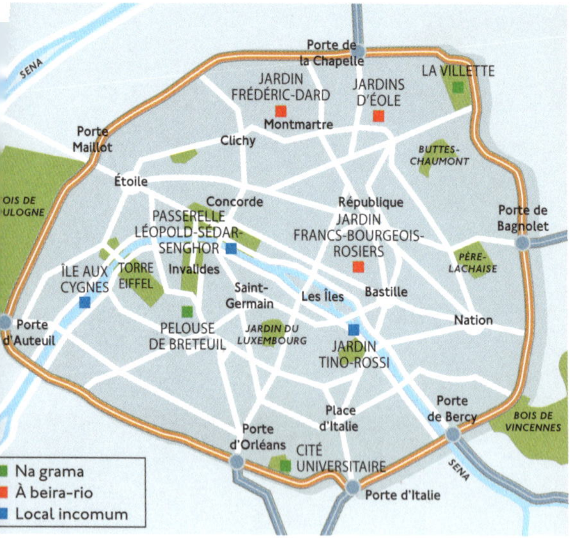

QUENIQUES EM PARIS

uiosques para jovens .3-28 anos) (**B** C4)
➔ *14, rue François-Miron (4ᵉ)*
el 01 42 71 38 76
eg-sex 11h-19h

rogramações
fficiel des Spectacles, ariscope
gendas culturais. Nas bancas de jornal às quartas.
élérama Sortir, ParisObs
uplementos toda qua o *Télérama* e qui a cada semanas no *ParisObs*.
aris Mômes
imestral, no *Libération*.

COMPRAS

.iquidações
an e fim jun-jul.

.ojas de lepartamentos
.e BHV Marais (**B** C3)
➔ *52, rue de Rivoli (4ᵉ)*
Seg-sáb 9h30-20h (21h qua)
Encontre de tudo na BHV, inclusive uma agradável seção de artesanato.
Le Bon Marché (**G** B1)
➔ *24, rue de Sèvres (7ᵉ)*
Seg-sáb 10h-20h (21h qui-sex)
A mais elegante.
Galeries Lafayette (**D** A6)
➔ *35-40, blvd Haussmann (9ᵉ)*
Seg-sáb 9h30-20h (21h qui)
Printemps (**D** A6)
➔ *64, blvd Haussmann (9ᵉ)*
Seg-sáb 9h35-20h (22h qui)
As duas lojas de departamentos mais bonitas de Paris.

Mercados de pulgas
Puces de Saint-Ouen (fora do mapa **D** A1)
➔ *Mº Pte de Clignancourt Sáb-dom 10h-17h30, seg 11h-17h*
O maior e mais antigo.
Puces de Vanves (fora do mapa **G** A5)
➔ *Av. M.-Sangnier e G.-Lafenestre Mº Porte de Vanves Sáb-dom 7h-14h, 14h45-19h30*
Bugigangas charmosas e antiguidades de bom gosto.
Puces de Montreuil (fora do mapa **I** F2)
➔ *Mº Porte de Montreuil Sáb-dom 7h-19h30*
Roupas, móveis etc.

Mercados de alimentos
Place Maubert (**A** D3)
➔ *Ter, qui, sáb 7h-14h30 (15h30 sáb)*
Blvd Richard-Lenoir (**I** B2)
➔ *Qui, dom 7h-14h30 (15h dom)*
Rue d'Aligre (**I** C3)
➔ *Ter-dom 7h-13h30*
Blvd de Belleville (**J** C5)
➔ *Ter, sex 7h-14h30*

Bichos de estimação (**A** C1)
➔ *Quai de la Mégisserie*
Veja peixes, pássaros, gatos, cães e coelhos.

Mercados de flores (**A** D2)
➔ *Pl. Louis-Lépine (4ᵉ)*
Diariam 8h-19h30
Muito charmoso!

PIQUENIQUE

Em um gramado
La Villette (**J** D2)
Extensos gramados e vários jardins divertidos.
Parque da Cidade Universitária (**G** C6-D6)
Um belo campus, com 34ha de vegetação.
Pelouse de Breteuil (**F** F2)
➔ *Av. de Breteuil (7ᵉ)*
Em frente aos Invalides e ao lado da Torre Eiffel.

Com surpresa
Jardins d'Éole (**J** A3)
➔ *Rue d'Aubervilliers (19ᵉ)*
Parque contemporâneo e popular, com vista para a Sacré-Cœur. Do outro lado da linha férrea, o belo complexo do Pajol.
Jardin Frédéric-Dard (**D** B3)
➔ *Rue Norvins (18ᵉ)*
Um pequeno jardim selvagem no meio de Montmartre.
Jardin Francs-Bourgeois-Rosiers (**J** A3)
➔ *35-37, rue des Francs-Bourgeois (3ᵉ) Diariam 14h-19h*
Um espaço verde nascido dos antigos jardins das mansões do Marais ao redor.

À beira da água
L'Île aux Cygnes (**F** C2)
➔ *Pont de Grenelle (15ᵉ)*
Uma pequena ilha ao pé da estátua da Liberdade.
Passerelle Léopold-Sédar-Senghor (**C** C3)
Menos cheia que a Pont des Arts e uma vista espetacular.
Jardin Tino-Rossi (**H** B1)
➔ *2, quai Saint-Bernard (5ᵉ)*
Um jardim de esculturas às margens do Sena, com tango no verão.

Para se deliciar

Coutume Instituutti (**A** C3)
→ *60, rue des Écoles (5e) Tel 01 40 51 89 09*
Ter-sáb 9h-18h, dom 10h-18h
Em frente à Sorbonne, a vitrine gastronômica e criativa do Instituto Finlandês, zen e acolhedora, oferece uma atmosfera cosmopolita do café da manhã à hora do chá – bolos gostosos, cafés deliciosos e pratos nórdicos, como sopas, pãezinhos de leite, saladas, almôndegas etc. No papel de baristas, os apaixonados pelo Coutume Café (**F** F2). Granola €5; prato €5-10.

De Clercq, les Rois de la Frite (**A** C4)
→ *184, rue Saint-Jacques (5e) Tel 01 43 54 24 20*
Seg-qui 11h-22h, sex-sáb 11h-24h, dom 18h30-22h
Os americanos até podem chamá-las de *french fries*, mas as melhores batatas fritas são belgas. Com salsicha, croquete de queijo, hambúrguer etc. Menu €5,50 (infantil)-10,95.

Little Breizh (**A** B2)
→ *11, rue Grégoire-de-Tours (6e) Tel 01 43 54 60 74 Ter-sex 12h-14h30, 19h-22h30; sáb 12h-15h15, 19h-23h; dom 18h-22h30*
Num bairro turístico demais, um achado que nem parece verdade: das gostosas galettes (com farinha de qualidade superior, em que dá para perceber os pedacinhos de trigo) às guarnições, tudo é feito em casa. Galette €8-20.

Cosí (**A** B2)
→ *54, rue de Seine (6e) Tel 01 46 33 35 36 Diariam 12h-23h*
Nesse lugar, cada dia se toca uma ópera, como *Cosí fan tutte*, de Mozart. A estrela é uma focaccia assada em forno a lenha e recheada de produtos selecionados: speck (presunto cru do Tirol), ricota, rosbife e legumes. Uma delícia! Menu €9,50-11,50.

Luisa Maria (**A** C3)
→ *12, rue Monsieur-Le-Prince (6e) Tel 01 43 54 47 77*
Seg-sáb 12h-14h30, 20h-23h
Nesse espaço contemporâneo com móveis estampados, são servidos todos os tipos de pasta, pizze rose (com molho de tomate) e bianche (sem molho). Prato €10,50-22.

Nanashi chez Bonpoint (**A** B3)
→ *6, rue de Tournon (6e) Tel 01 43 26 14 06 Ter-sáb 10h-19h*
No subsolo da loja de moda infantil Bonpoint, um café acima de qualquer suspeita. Sala em tons pastel e pátio bucólico no fundo, para quando o tempo está bom. Bentôs, sobremesas apetitosas e purês para os bebês. Menu infantil €12; bentô €1

Les Papilles (**A** C4)
→ *30, rue Gay-Lussac (5e) Tel 01 43 25 20 79*
Ter-sáb 12h-14h, 19h-22h
Essa atraente mercearia-bistrô, repleta de produtos finos com certificado de origem, é o lugar ideal para a formação dos futuros gastrônomos. Seção de embutidos e cozinha regional. Prato €14-19; menu €35 (à noite).

Les Deux Magots (**A** B2)
→ *6, pl. Saint-Germain-des-Prés (6e) Tel 01 45 48 55 25*
Diariam 7h30-1h
Outrora reduto dos existencialistas, esse café inaugurado em 1885 reúne ainda hoje intelectuais, escritores e artistas parisienses. Ao lado, o igualmente mítico Café de Flore. Inspirado. Um lugar agradável para ir de manhã.

Berthillon (**A** F3)
→ *29-31, rue Saint-Louis-en-l'Île (4e) Tel 01 43 54 31 61*
Qua-dom 10h-20h Fecha meados jul-set

COSÍ

BERTHILLON

LES DEUX-MAGOTS

PARC DE LA VILLETTE

ATELIÊ NO PALAIS DE TOKYO

COMIDA DE *FOOD TRUCK*

COMO OS PARISIENSES

- Sob os primeiros raios de sol, faça um piquenique em um parque.
- Nos fins de semana, ande livremente de bicicleta ou patins às margens do canal Saint-Martin e do Sena, nas pistas fechadas para carros.
- Experimente todas as cozinhas do mundo: cuscuz, pizza, rolinho-primavera, lamen, kebab, pão pita, hambúrguer etc.
- No sábado, participe de uma oficina de kapla, artes visuais ou contação de histórias.
- Na janela do metrô suspenso, veja passar a paisagem do topo dos edifícios.

COMIDA

É bom reservar para o jantar, pois as melhores mesas são disputadas. Opções infantis muitas vezes à la carte.

Padarias (boulangeries)
Croissants no café da manhã, além da sagrada baguete. Sanduíches.

Cafés
Para tomar um cafezinho (expresso), chocolate quente ou suco de groselha, no balcão ou no terraço.

Comida de rua
Refeições e lanches preparados dentro ou fora dos estabelecimentos. Boa fast-food em vários endereços.

Food trucks
Descolados. Hambúrgueres (Cantine California, The Fumar Truck), muçarela (Mozza & Co) e sopa bobun (The Truck Bowl) servidos em caminhões. Veja os trajetos nos sites.

Bistrôs parisienses
Muitos com ambiente familiar. Pratos do dia, saladas, pratos de queijo ou delicatéssen e jarra de vinho.

Neobistrôs
Cozinha clássica em uma atmosfera de bistrô. Muito elegante.

Brasserie
A qualquer hora, marisco, bife e batatas fritas, chucrute e outros pratos tradicionais acompanhados de cerveja.

Restaurantes
Cozinha francesa ou de outros lugares. Servem vinhos.

VISITAS

Crianças
Na maioria dos museus, jogos, visitas para famílias e oficinas. Reserve com bastante antecedência.

Paris d'Enfants
→ *www.parisdenfants.com*
Passeios e atividades em Paris para pais e filhos.

Art Kids Paris
→ *artkidsparis.com*
Passeios temáticos ou sob medida em Paris para o público de 5 a 15 anos.

Grátis

Museus nacionais
→ *1º dom do mês para todos; diariam para público com menos de 26 anos nas coleções permanentes*

Museus de Paris
→ *Diariam para as coleções permanentes*
Da Maison de Victor Hugo (**B** E4), do Petit Palais (**E** E4), das Catacombes (**G** C4) e dos museus Carnavalet (**B** E3), Cernuschi (**E** E2), d'Art moderne (**F** D1) e Bourdelle (**G** A2).

Descontos
Estudantes, 18-25 anos, + de 60 anos, desempregados.

Paris Museum Pass
→ *Nos museus participantes e escritórios de turismo Para 2, 4 ou 6 dias: €42, €56 ou €69*
Livre acesso a mais de 60 museus e atrações.

Ônibus turísticos
Com comentários. Pode-se subir e descer várias vezes.

L'Open Tour
→ *www.paris.opentour.com/fr*
Tel 01 42 66 56 56

Les Cars Rouges
→ *www.carsrouges.com*
Tel 01 53 95 39 53

ESPETÁCULOS

Reservas

Fnac
→ *Tel 08 92 68 36 22*
www.fnacspectacles.com
Concertos, festivais etc.

Descontos

Quiosques de teatro (**C** C2)
→ *15, pl. de la Madeleine (8e)*
50% para o mesmo dia.

▶ Mapa B

▼ Mapa I/H

DEYROLLE

JARDIN DU LUXEMBOURG

ATELIER ODÉON

leção de arte medieval extremamente rica, da qual faz parte um tesouro: as seis tapeçarias de *A dama e o unicórnio* (c. 1500). O museu também exibe brinquedos e armaduras da Idade Média. ❓ ***Que animal aparece à direita da dama nas seis tapeçarias?*** *Um leão*

★ Panthéon (**A** D4)

→ *Pl. du Panthéon (5ᵉ) Tel 01 44 32 18 00*
Diariam 10h-17h15 (17h45 abr-set)

Sobre as ruínas de um convento, Luís XV mandou construir uma nova igreja, que a Revolução transformou em templo laico para homenagear as glórias da República. Túmulos de homens e mulheres ilustres do país, de Voltaire a Pierre e Marie Curie, e os afrescos históricos na nave, com destaque para os de Puvis de Chavannes, compõem uma bela introdução ao passado da França. ❓ ***Na fachada, o que a Pátria (representada por uma mulher) distribui às pessoas ilustres?*** *Coroas de louros*

★ Église Saint-Germain-des-Prés (**A** B2)

→ *3, pl. Saint-Germain-des-Prés (6ᵉ) Tel 01 55 42 81 18*
Seg-sáb 8h-19h, dom 9h-20h

Edificada no ano 1000 sobre os alicerces de uma basílica merovíngia, essa igreja é a mais antiga de Paris e deu nome ao bairro onde se localiza. Na praça ao lado fica a bela cabeça de Dora Maar, esculpida por Picasso. ❓ ***Como se chamava o rei merovíngio, filho de Clóvis, que fundou essa igreja?*** *Childeberto I*

Para relaxar

★ Île Saint-Louis (**A** E2)

Essa pequena ilha nasceu da união de duas ilhotas que serviam de pasto, até que em 1614 um engenheiro de Luís XIII construiu um bairro ali. Residências particulares, ruelas e escadas cobertas de musgo que vão até o Sena são rodeadas pelo cais, onde vale a pena se esquecer do tempo. ❓ ***Na Ponte de la Tournelle, a estátua representa a padroeira de Paris. Que santa é essa?*** *Santa Genoveva*

★ Deyrolle (**A** A1)

→ *47, rue du Bac (7ᵉ) Tel 01 42 22 30 07 Ago: seg-sáb 10h-13h, 14h-19h / Set-jul: seg 10h-13h, 14h-19h; ter-sáb 10h-19h*

No primeiro andar dessa célebre loja fundada em 1831, encontram-se coleções de insetos, conchas e animais empalhados. Para levar, pranchas educativas antigas e cadernos de atividades. ❓ ***Como se chamam essas coleções?*** *Os Gabinetes de Curiosidades*

Para brincar

★ Jardin du Luxembourg (**A** B3)

→ *Diariam 8h-pôr do sol* ***Teatro*** *Qua 15h30, sáb-dom 11h, 15h30* ***Veleiros*** *Qua, sáb-dom e feriados 11h-17h30 (18h30 verão)*

Correr no "Luco" como os pequenos parisienses, pendurar-se na tirolesa da área de jogos, empurrar os veleiros em miniatura, assistir a um espetáculo de marionetes e montar um cavalo do velho carrossel são algumas das opções em um dos mais belos jardins de Paris, com esculturas e a fonte de Médicis (1630). Atividades pagas.

★ Atelier Odéon (**A** C2)

→ *41, rue Mazarine (6ᵉ) Tel 01 71 37 96 42 Qua 9h-11h, 14h-16h; qui 20h-22h; sáb 10h-12h e estágios (férias escolares)*

Pronto para "brincar de pintar"? Quatro paredes com papel-manilha, uma mesa baixa com dezoito cores e alguns tamboretes. Pode pintar de pé, sentado, do jeito que quiser! Para adultos e crianças a partir de 3 anos.

★ Cinéma Le Nouvel Odéon (**A** C3)

→ *6, rue de l'École-de-Médecine (6ᵉ) Tel 01 46 33 43 71*

As sessões Kid Odéon, domingo de manhã, exibem desenhos animados para toda a família.

★ Piscine Pontoise (**A** E3)

→ *19, rue de Pontoise (5ᵉ) Tel 01 55 42 77 88*
Horários em equipement.paris.fr/piscine-pontoise-2918

Dentro de um edifício dos anos 1930, corredores rodeiam um tanque magnífico de 33m, debaixo de um belo teto envidraçado. Só para quem sabe nadar, pois a piscina não dá pé em nenhum lugar.

Les îles / Quartier Latin / Saint-Germain A

Do alto de Notre--Dame, bem no centro de Paris, e com uma visão panorâmica da capital, você se sente capaz de conquistar tudo. De lá até o Panteão, transforme-se num desbravador do passado e descubra os inúmeros edifícios históricos espalhados pelas ruas e pelos cais. Depois brinque de esconde--esconde ao longo das pontes majestosas do Sena, indo de uma margem a outra, antes de perambular por Saint--Germain-des-Prés ou se entreter com um barquinho a vela no Jardim de Luxemburgo. Ao cair da tarde, preste uma homenagem ao dia no extremo oeste da Île de la Cité, onde os barcos se cruzam tendo ao fundo uma Paris de cartão-postal.

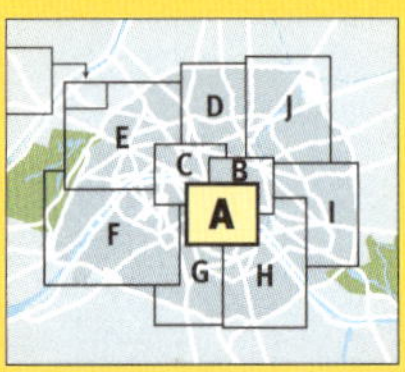

CONCIERGERIE

CATEDRAL DE NOTRE-DAME

Para visitar

★ Conciergerie (**A** D2)
→ *2, blvd du Palais (1er) Tel 01 53 40 60 97*
Diariam 9h30-17h30
O monumento recebeu esse nome em homenagem ao administrador do Palácio de Justiça na Idade Média. Visita impressionante à sala do Corpo da Guarda (séc. XIV) e às antigas celas da prisão, onde esteve encarcerada, entre outras personalidades, Maria Antonieta, a última rainha da França. ❓ ***Quantos pilares e colunas existem na sala do Corpo da Guarda? 09***

★ Sainte-Chapelle (**A** D2)
→ *6, blvd du Palais (1er) Tel 01 53 40 60 97 Diariam 9h30-17h*
Uma admirável preciosidade gótica construída por São Luís entre 1245 e 1248 para conservar, em pleno centro da capital, as relíquias de Cristo trazidas do Oriente. A mais de 15m de altura, vitrais reproduzem cerca de 1.134 cenas do Antigo e do Novo Testamentos e da epopeia da Sétima Cruzada. Uma verdadeira história em quadrinhos! ❓ ***Para qual objeto sagrado, especificamente, São Luís desejou construir a Sainte-Chapelle?*** ***A coroa de espinhos***

★ Catedral de Notre-Dame (**A** E2)
→ *6, pl. du Parvis-Notre-Dame (4e) Tel 01 42 34 56 10*
Diariam 7h45-19h (sex-sáb 23h jul-ago) ***Visitas*** *verão: diariam 10h-18h30; inverno: diariam 10h-17h30*
Nesse arquétipo e obra-prima da arte gótica, suba ao topo das torres para contemplar a vista e o fantástico conjunto de gárgulas. Entre os sublimes vitrais no interior destaca-se o da famosa rosácea. Na cripta, um roteiro arqueológico conta 2 mil anos de história. ❓ ***Em torno da flecha, no meio do cortejo de estátuas de santos, aparece o arquiteto Viollet-le-Duc. O que permite identificá-lo?*** ***Ele está de costas para os santos***

★ Musée de Cluny (**A** C3)
→ *6, pl. Paul-Painlevé (5e) Tel 01 53 73 78 00*
Qua-seg 9h15-17h45
Ao lado das ruínas de termas galo-romanas (sécs. I-III), a residência dos monges de Cluny (séc. XV) abriga uma co-

A
B
C
1
2
3
PYRAMIDE
LOUVRE RIVOLI
MUSÉE DU LOUVRE
RUE DE RIVOLI
MAIRIE DU Ier
ST-GERMAIN-L'AUXERROIS
R. DE L'AMIRAL-DE-COLIGNY
R. DE LA MONNAIE
QUAI FRANÇOIS-MITTERRAND
Q. A.-FRANCE
MUSAY D'ORSAY
PONT ROYAL
PONT DU CARROUSEL
SENA
QUAI DU LOUVRE
PONT-NEUF
PONT DES ARTS
QUAI VOLTAIRE
QUAI MALAQUAIS
QUAI DE CONTI
R. DE LILLE
RUE DE LILLE
RUE DU BAC
RUE DE BEAUNE
RUE DE VERNEUIL
RUE DE L'UNIVERSITÉ
RUE MONTALEMBERT
RUE G.-GALLIMARD
DEYROLLE
SAINT-THOMAS-D'AQUIN
RUE DU PRÉ-AUX-CLERCS
RUE DES SAINTS-PÈRES
ÉCOLE DES BEAUX-ARTS
RUE BONAPARTE
RUE DES BEAUX-ARTS
INSTITUT DE FRANCE
HÔTEL DES MONNAIES
QUAI DE L'H
Place Dauphine
CONCIE
SAINTE-CHAPELLE
QUAI DES GRANDS-AUGUSTINS
QUAI DES ORFÈVR
RUE JACOB
UNIVERSITÉ PARIS-V
R. VISCONTI
RUE DE SEINE
RUE MAZARINE
R. GUÉNÉGAUD
R. DE NEVERS
RUE DAUPHINE
RUE DE NESLE
BD SAINT-GERMAIN
SAINT-VLADIMIR-LE-GRAND
RUE ST-BENOIT
ÉGLISE SAINT-GERMAIN-DES-PRÉS
ATELIER ODÉON
QUARTIER LATIN
RUE DES GRANDS-AUGUSTINS
Place Saint-Germain-des-Prés
Place de Furstemberg
RUE DE BUCI
RUE SAINT-GUILLAUME
RUE DE GRENELLE
RUE DE LA CHAISE
SQUARE CHAISE-RÉCAMIER
RUE DU DRAGON
ST-GERMAIN-DES-PRÉS
MABILLON
RUE ST-ANDRÉ-DES-ARTS
ST-MICHEL
RUE GRÉGOIRE-DE-TOURS
RUE DE L'ANCIENNE COMÉDIE
RUE DE L'ÉPERON
RUE DANTON
RUE HAUTEFEUILLE
RUE SERPENTE
BD ST-GERMAIN
MICHEL
RUE DU FOUR
R. DU FOUR
RUE DES CANETTES
RUE PRINCESSE
R. MABILLON
R. CLÉMENT
RUE GUISARDE
ODÉON
R. DE SÈVRES
ST-SULPICE
SÈVRES-BABYLONE
RUE DU VIEUX-COLOMBIER
RUE ST-SULPICE
Carrefour de l'Odéon
UNIVERSITÉ PARIS-V-R.-DESCARTES
R. DE L'ÉCOLE-DE-MÉDECINE
R. P.-SARRAZIN
MUSÉ
RUE DU CHERCHE-MIDI
RUE DE RENNES
MAIRIE DU VIe
Place Saint-Sulpice
ÉGLISE SAINT-SULPICE
R. GARANCIÈRE
RUE DES QUATRE-VENTS
R. DE CONDÉ
R. DE L'ODÉON
R. MONSIEUR-LE-PRINCE
UNIVERSITÉ PARIS-VI
CINÉMA LE NOUVEL ODÉON
R. DU SO
Pl. P.-Pain
RUE COËTLOGON
RUE DE MÉZIÈRES
RUE CASSETTE
RUE MADAME
RUE TOURNON
RUE DE TOURNON
Place de l'Odéon
RUE RACINE
THÉATRE DE L'ODÉON
VIe
VIIe
BOULEVARD
SAINT-JOSEPH-DES-CARMES
RUE D'ASSAS
RUE DE VAUGIRARD
RUE DU REGARD
Place P.-Claudel
SORBON
BD SAINT-MICHEL
Place de la Sorbonne
RENNES
MUSÉE DU LUXEMBOURG
PALAIS DU LUXEMBOURG (SÉNAT)
FONTAINE DE MÉDICIS
RUE DE MÉDICIS
RUE CUJAS
RUE J.-BART
RUE GUYNEMER
JARDIN DU LUXEMBOURG
Place E.-Rostand
RUE SOUFFLO
RUE DE RENNES
RASPAIL
RUE DE FLEURUS
LUXEMBOURG
RUE ROYER-COLLARD
RUE ST-JACQUES
MAIRIE DU Ve
ST-PLACIDE
R. HUYSMANS
ÉCOLE DES MINES
IMPASSE

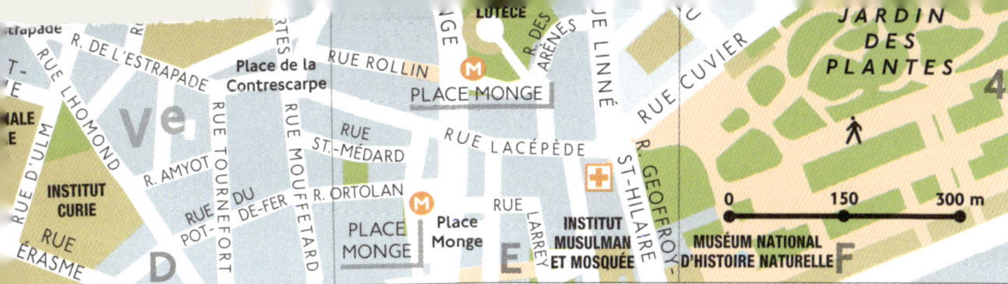

◀ Mapa H/I

Marrom-glacê, chocolate amargo, pão de mel, pistache, morango silvestre, melão: os cerca de 75 sabores da sorveteria mais famosa de Paris encantam o mundo inteiro.

Grom (A B2)
→ *81, rue de Seine (6ᵉ) Tel 01 45 48 55 25*
Diariam 12h-23h (24h qui-sáb)
Versão italiana da Berthillon, com produtos sazonais e sabores tradicionais de gosto marcante. Excelentes granite.

Pierre Hermé (A B2)
→ *72, rue Bonaparte (6ᵉ) Tel 01 43 54 47 77*
Diariam 10h-19h (19h30 qui-sex, 20h sáb)
Em um espaço sóbrio e elegante, doces preciosos que parecem obras de arte. Uma delícia!

Para comprar

Bouquinistes (A C2-E3)
Depende do tempo
Desde o séc. XIX, as barracas verdes se enfileiram na margem do rio: livros, revistas, cartazes e cartões-postais antigos.

Album (A D3)
67 e 84, blvd Saint-Germain e 8, rue Dante (5ᵉ)
Tel 01 43 25 25 68 Seg-sáb 10h-20h, dom 12h-19h
Templo da HQ que ocupa três lojas, cheias de álbuns, revistas, mangás e miniaturas para colecionadores. Imperdível!

Au Vieux Campeur (A D3)
→ *48, rue des Écoles (5ᵉ) Tel 01 53 10 48 48*
Seg-sex 11h-19h30 (21h qui), sáb 10h-19h30

AU PLAT D'ÉTAIN

Um conjunto de 30 lojas com uma oferta enorme de equipamentos de montanhismo, esporte e lazer. Estimulante!

Bensimon Autour du Monde (A B2)
→ *54, rue de Seine (6ᵉ) Tel 01 43 54 64 47*
Seg-sáb 11h-19h, dom 12h30-18h
Com elástico ou cadarço, de uma só cor ou estampados, tênis para toda a família a partir de €26 em uma loja supercolorida.

Au Plat d'étain (A B2)
→ *16, rue Guisarde (6ᵉ) Tel 01 43 54 32 06 Ter-sáb 10h30-18h30*
Fabricante de miniaturas de estanho e de chumbo desde 1775! Soldadinhos, acrobatas e animais pintados à mão.

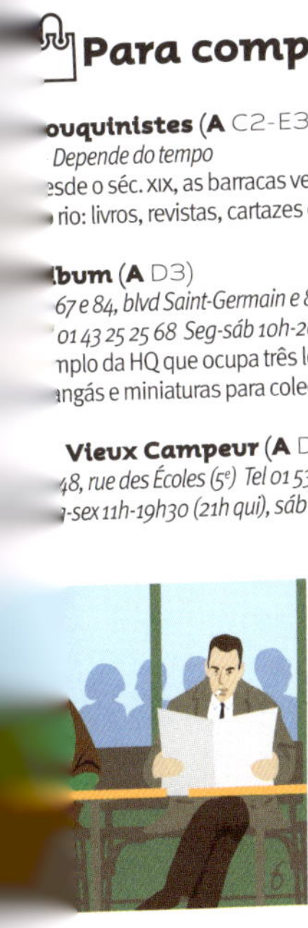

BOUQUINISTES

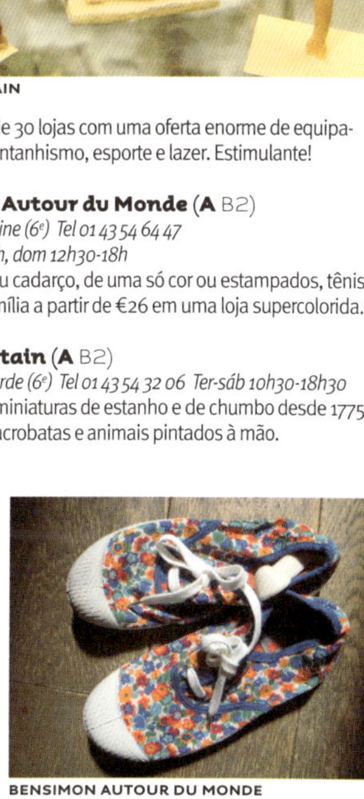
BENSIMON AUTOUR DU MONDE

Para se deliciar

Mosaïque (**B** D3)
→ *56, rue du Roi-de-Sicile (4e) Tel 09 77 74 04 85 Diariam 12h-24h*
Cachorro-quente reconfortante, com salsicha de qualidade e pão macio. Temperos à sua escolha. Cachorro-quente €3.

Café Suédois (**B** E3)
→ *11, rue Payenne (4e) Tel 01 44 78 80 20 Ter-dom 12h-18h*
No prédio do Instituto Sueco, em um jardim fechado, esse café serve sanduíches abertos, sopas e bolos, entre os quais o célebre kanelbullar. Um dos lugares da capital mais amigáveis para as crianças. Sanduíche aberto e prato €5-10.

La Boutique Jaune Sacha Finkelsztajn (**B** D3)
→ *27, rue des Rosiers (4e) Tel 01 42 72 78 91*
Set-meados jul: qua-seg 10h-19h
Cozinha ídiche em que tudo é gostoso, das especialidades salgadas (pastrami, arenque, taramasalata) aos doces (strudel de maçã e rocambole de chocolate). Prato €5-12.

Marché des Enfants-Rouges (**B** E2)
→ *39, rue de Bretagne (3e)*
Ter-sáb 8h30-13h, 16h-19h30; dom 8h30-14h
Nesse mercado com mesas afastado da rua, comem-se sushis, tagines e massas. Lugar muito agradável quando o tempo está bom, lota nos fins de semana. Prato e menu completo €5-15.

Breizh Café (**B** E2)
→ *109, rue Vieille-du-Temple (3e) Tel 01 42 72 13 77*
Qua-dim, 11h30-23h (22h dom)
As melhores galettes da capital, resultado da combinação de simplicidade, matéria-prima de primeira e habilidade. Crepes de trigo igualmente apetitosos e uma mercearia onde se podem comprar produtos da Bretanha. Galette €5,50-16,50.

Frenchie to Go (**B** B1)
→ *9, rue du Nil (2e) Sem telefone, sem reservas*
Seg-sex 8h30-16h30, sáb-dom 9h30-17h30
Comida de rua em sua melhor forma: cachorro-quente com salsicha artesanal, fish and chips (merluza) e um sanduíche Reuben inesquecível (pastrami, cheddar e molho coleslaw). Para coroar, pot au chocolat, donuts e cookies. Prato €8-14.

Bob's Kitchen (**B** C2)
→ *74, rue des Gravilliers (3e) Tel 09 52 55 11 66*
Seg-sex 8h-15h, sáb-dom 10h30-16h
Muita gente se espreme ao redor das mesas dessa cantina, que encanta com bagels, saladas e veggie stews (cereais, legumes assados e verduras cruas). Cookies incríveis e sucos. Para comer no local ou levar para viagem. Veggie stew €8,50.

Breakfast in America (**B** E4)
→ *4, rue Malher (4e) Tel 01 42 72 40 21 Diariam 8h30-23h*
Um *diner* americano dos sonhos: banquetas de courvin vermelho, milk-shakes e atendentes com sotaque. Ovos, panquecas e, no almoço e à noite, revigorantes hambúrgueres. Brunch concorrido no fim de semana, por €16,95. Hambúrguer €9-11,50.

Miznon (**B** D3)
→ *22, rue des Écouffes (4e) Tel 01 44 78 01 89 Dom-sex 12h-24h*
Não se deixe intimidar pela fila, pois os sanduíches de pão sírio valem a pena. Recheados com almôndega de cordeiro, carne, peixe ou legumes, são uma amostra da festiva e colorida cozinha de Tel Aviv. Prove também a batata-doce e a couve-flor grelhadas. Há uma sala no fundo. Sanduíche de pão sírio €10-15.

FRENCHIE TO GO

MIZNON

TRAINS MINIATURES

PORTE SAINT-MARTIN
THÉÂTRE DE LA PORTE-SAINT-MARTIN
BD ST-MARTIN
BD DE MAGENTA
RÉPUBLIQUE
Place de la République
MUSÉE DES ARTS ET MÉTIERS
ARTS-ET-MÉTIERS
RUE DE TURBIGO
SAINTE-ÉLISABETH
TEMPLE
RÉAUMUR
RUE DU TEMPLE
SQUARE DU TEMPLE
CARREAU DU TEMPLE
MAIRIE DU IIIe
AVENUE DE LA RÉPUBLIQUE
BOULEVARD VOLTAIRE
BD DU TEMPLE
OBERKAMPF
FILLES-DU-CALVAIRE
BD DES FILLES-DU-CALVAIRE
RUE DE TURENNE
IIIe
MUSÉE D'ART ET D'HISTOIRE DU JUDAÏSME
MUSÉE DE LA CHASSE ET DE LA NATURE
CATHÉDRALE SAINTE-CROIX
MUSÉE PICASSO
HÔTEL DE SOUBISE
MUSÉE DE L'HISTOIRE DE FRANCE
N.-D.-DES-BLANCS-MANTEAUX
ST-SÉBASTIEN-FROISSART
SAINT-DENIS-DU-SAINT-SACREMENT
XIe
Xe
MUSÉE CARNAVALET
LE MARAIS
BIBLIOTHÈQUE HISTORIQUE DE PARIS
CHEMIN-VERT
BD BEAUMARCHAIS
BRÉGUET-SABIN
PLACE DES VOSGES
MAISON DE VICTOR HUGO
ST-PAUL
RUE DE RIVOLI
MAIRIE DU IVe
Mapa J
Mapa I

MAISON DE VICTOR HUGO

PLACE DES VOSGES

GAÎTÉ LYRIQUE

★ Musée Carnavalet (**B** E3)
→ *23, rue de Sévigné (3e) Tel 01 44 59 58 58*
Ter-dom 10h-17h45
A história de Paris contada no interior de duas enormes residências do Marais, com uma bela montagem de quadros e artes decorativas. Visitas pensadas para as crianças e oficinas manuais para a família. Jardins de estilo francês. ❓ ***Com o que se parece a forma do berço dado a Eugénie e Napoleão III por ocasião do nascimento de seu filho?*** *Um navio, emblema da cidade de Paris, que deu o presente*

★ Maison de Victor Hugo (**B** F4)
→ *6, place des Vosges (4e) Tel 01 42 72 10 16 Ter-dom 10h-18h*
Para saber tudo sobre Victor Hugo, sua família e seus desenhos. Um extravagante salão chinês, móveis, retratos e manuscritos. ❓ ***O que tem de peculiar a escrivaninha de Victor Hugo que fica em seu quarto?*** *É bem alta, porque às vezes o escritor trabalhava de pé*

★ Musée des Arts et Métiers (**B** D1)
→ *60, rue Réaumur (3e) Tel 01 53 01 82 00*
Ter-dom 10h-18h (21h30 qui)
O museu das invenções e dos progressos técnicos do séc. XVI aos dias de hoje. Aviões, máquinas, robôs – tudo provoca curiosidade. Audioguia para crianças entre 7 e 12 anos, demonstrações e visitas em família. ❓ ***Quantos aviões existem dentro da igreja?*** *3*

Para relaxar

★ Place des Vosges (**B** E4)
Um verdadeiro cenário de teatro, a ex-praça Royale (1612) mantém o luxo do tempo de Luís XIII. As fachadas de tijolo e pedra e as galerias com arcadas rodeiam gramados protegidos por tílias. ❓ ***Quem é o rei a cavalo imortalizado na estátua do centro da praça?*** *Luís XIII*

★ Les Halles (**B** B2)
→ ***Terra da Aventura*** *32, rue Berger (1er)*
Tel 01 42 36 13 96 Inverno: ter-dom (14h dom) 10h-17h; verão: ter-dom (14h dom) 10h-20h
No bairro dos antigos mercados de Paris, obras viárias de grande porte cobriram o Fórum dos anos 1970 com um surpreendente toldo de inspiração vegetal. Não deixe de ver a Fonte dos Inocentes (1549) e a Igreja de Santo Eustáquio (1532-1637). Crianças entre 7 e 11 anos fazem a festa na Terra da Aventura, inovadora área de jogos com cânion, supermáquinas e fontes com saliências. ❓ ***Que rei famoso fez sua primeira comunhão na Santo Eustáquio?*** *Luís XIV*

★ Fontaine Stravinsky (**B** C3)
→ *Place Igor-Stravinsky (3e)*
Como uma ópera de robôs e esculturas, a fonte de J. Tinguely e N. de Saint Phalle (1983) exalta a música de Stravinsky: sereia, chave de sol, amor. ❓ ***Das dezesseis figuras, qual delas representa a obra mais conhecida do compositor russo?*** O pássaro de fogo

Para brincar

★ Gaîté lyrique (**B** C1)
→ *3 bis, rue Papin (3e) Tel 01 53 01 52 00*
Ter-sáb 14h-20h, dom 12h-18h
Um teatro do séc. XIX transformado pelo genial design de interiores num lugar sem nenhum preconceito, dedicado à música contemporânea e às artes digitais. Videogames e oficinas criativas para maiores de 5 anos (grátis).

★ Musée de la Poupée (**B** C2)
→ *Impasse Berthaud (3e) Tel 01 42 72 73 11*
Ter-sáb 13h-18h
Mais de 600 bonecas contam a história de um dos brinquedos mais universais. A museu promove exposições temporárias e oficinas.

★ Happy Families (**B** C3)
→ *5, rue du Cloître-Saint-Merri (4e) Tel 01 40 29 89 99*
Seg-sex 8h-20h, sáb-dom 10h-20h
Nesse local, os pais são paparicados enquanto os filhos participam de uma oficina. Babás e lanches rápidos. Sob medida para quem quer descansar um pouco!

B Les Halles / Le Marais

Um teto ondulado do séc. XXI cobre o Forum des Halles, enquanto a fachada do Centre Georges-Pompidou surpreende com sua floresta de tubulações. Da pequena lição de ousadia arquitetônica passa-se à Place des Vosges, no sentido contrário ao do mundo contemporâneo. É um prazer se perder pelas ruelas do Marais, cheias de praças, jardinzinhos e residências particulares, algumas das quais servem de museu. Tradições judaicas e bares gays, designers e antiquários: a cidade como uma feliz união entre passado e presente.

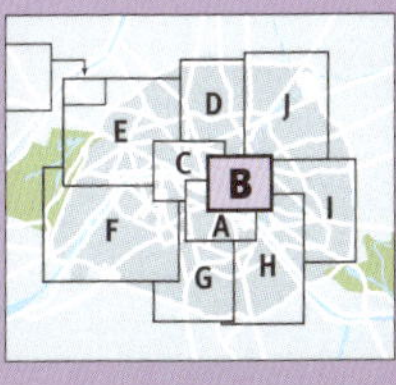

CENTRE POMPIDOU

MUSÉE CARNAVALET

Para visitar

★ **Centre Georges-Pompidou** (**B** C3)
→ Rue Saint-Martin (4e) Tel 01 44 78 12 33
Museu Qua-seg 11h-21h (23h qui)
Uma estrutura de vidro, aço e tubulações coloridas concebida por Rogers e Piano em 1971. O "Beaubourg" abriga o Museu Nacional de Arte Moderna, o primeiro da Europa, além de uma galeria infantil para crianças de 2-12 anos e uma oficina para adolescentes de 13-16. Suba pela escada rolante até o quinto andar e aproveite a vista única dos telhados. ❓ ***O que cada cor dos canos da fachada indica?*** *Amarelo: eletricidade; verde: água; azul: ar-condicionado*

★ **Musée d'Art et d'Histoire du judaïsme** (**B** D2)
→ 71, rue du Temple (3e) Tel 01 53 01 86 60
Dom-sex 11h (10h dom)-18h
A história dos judeus na França contada por seu patrimônio e seus costumes em um roteiro tocante. Para as crianças, oficinas simpáticas de cozinha e jardinagem, entre outras. ❓ ***Como se chama a cabana pintada para a Festa dos Tabernáculos, no primeiro andar?*** Soukkah

★ **Musée de la Chasse et de la Nature** (**B** D2)
→ 62, rue des Archives (3e) Tel 01 53 01 92 40
Ter-dom 11h-18h (21h30 qua)
Salas com curiosidades a respeito de animais que povoam a imaginação das crianças, como lobo, cervo, javali e raposa, entre outros. Um dos mais belos museus sobre a natureza. ❓ ***A quem Jan Fabre dedicou sua obra com cabeças de coruja?*** *A Diana, deusa da caça e da Lua*

★ **Musée Picasso** (**B** E3)
→ 5, rue de Thorigny (3e) Tel 01 42 71 25 21
Ter-dom 11h30-18h (21h 3º sáb do mês)
Restaurada em 2014 e consagrada a Picasso (1881-1973), a mansão Salé (séc. XVII) abriga o conjunto de obras de sua autoria mais belo do mundo. Será que as metamorfoses ou os motivos cubistas vão despertar vocações? ❓ ***O que o azul da fase azul traz à mente?*** *Tristeza e melancolia*

Les Halles / Le Marais

▲ Mapa C

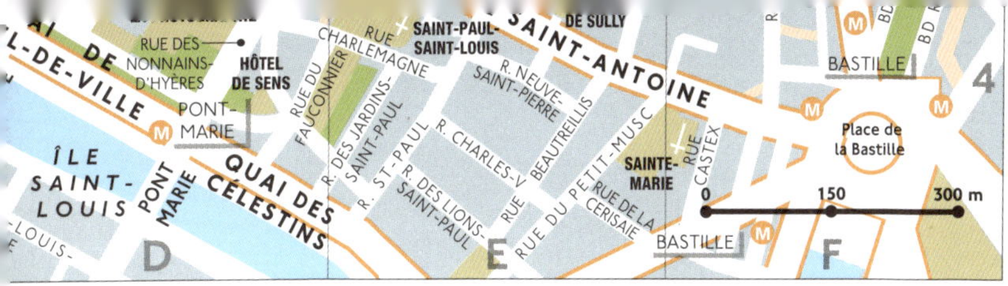

Mapa H/I

Le Progrès (**B** E2)
→ 1, rue de Bretagne (3e) Tel 01 42 72 01 44 Seg-sáb 8h-2h
Misto de bar e tabacaria à moda antiga tipicamente parisiense. As crianças são bem-vindas, apesar do público no terraço. Serviço atencioso e prato do dia. Menu infantil €7,50; prato €13-15.

Pralus (**B** B2)
→ 35, rue Rambuteau (4e) Tel 01 48 04 05 16
Seg-sáb 10h-19h30, dom 10h-19h
praluline é a estrela da casa, um brioche de pralinê cor-de-rosa caramelizada com sabor gostoso de manteiga. Não deixe de experimentar a de tablete de chocolate (um fantástico Méssa ao leite) e as "barras infernais". € 4,50-12.

Para comprar

Trains miniatures (**B** F2)
21, blvd du Temple (3e) Tel 01 42 78 00 16
-sáb 9h-12h30, 14h-19h
niaturas de trens, automóveis, pessoas e animais para colecionadores.

La Droguerie (**B** B2)
9-11, rue du Jour (1er) Tel 01 45 08 93 27 Seg-sáb 10h (14h seg)-19h
armarinho mágico, para quem quer se aventurar no tricô, crochê e na confecção de bijuterias – o universo do "faça você mesmo". Vive lotado, por isso é preciso ter uma boa dose de paciência.

Mandorla Palace (**B** C4)
34, rue François-Miron (4e) Tel 01 48 04 71 24
-seg 14h-19h, ter-sex 10h30-19h, sáb 11h-19h

LA DROGUERIE

Objetos de decoração, papelaria e acessórios voltados a um universo infantil luminoso e delicado.

Petit Pan (**B** D4)
→ 37, 39 e 76, rue François-Miron (4e) Tel 01 44 54 90 84
Dom-seg 10h30-14h, 15h-19h30; ter-sáb 10h30-19h30
Com seus impressos inconfundíveis, sua decoração poética e seu armarinho, a Petit Pan tornou-se referência. Imperdível!

Niou (**B** E4)
→ 11, rue Saint-Paul (4e) Tel 01 48 87 24 21 Seg 14h30-19h, ter-sáb 11h-13h, 14h30-19h
Materiais nobres e modernos para brinquedos, marionetes etc.

MANDORLA PALACE

PETIT PAN

Para se deliciar

Mozza and Co (**C** C3)
→ *11, quai Anatole-France (7e) Tel 06 50 02 50 53 Diariam 11h-18h*
Num contêiner às margens do Sena, são preparadas focaccia de muçarela e saladas. Mesas de jogos ao ar livre e pratos quentes no inverno. Prato €6-12.

Sanukiya (**C** D3)
→ *9, rue d'Argenteuil (1er) Tel 01 42 60 52 61 Diariam 11h30-22h*
Para comer udon – macarrão largo com caldo quente ou molho frio – fazendo barulho, como no Japão. Prato €8-18.

Grillé (**C** E2)
→ *15, rue Saint-Augustin (2e) Tel 01 42 96 10 64 Seg-sex 12h-15h*
Os motivos de orgulho desse kebab "sofisticado", sempre lotado enquanto o espeto não para de girar? A carne, fornecida pelo açougue Desnoyer, e o pão, feito no local. Kebab €8,50.

Le Voltaire (**C** D4)
→ *27, quai Voltaire (7e) Tel 01 42 61 17 49*
Ter-sáb 12h-14h15, 19h30-22h15
Restaurante onde paira o fantasma de Voltaire, que morou no imóvel. É caro, a não ser que se opte pelo bar, onde um gostoso prato do dia sai por €13,75. São também imperdíveis o ovo mayo, por €0,90, e a tarte Tatin com creme fresco. Prato €14.

Bioboa (**C** F2)
→ *93, rue Montmartre (2e) Tel 01 40 28 02 83*
Seg-sex 11h-16h, 19h-2h
Orgânico e gostoso. Simpático, com menu fixo a €19 no almoço, hambúrguer (vegetariano ou não), risoto e steak tartare. Para viagem, vá à seção Petit Bioboa. Prato €15-20.

Yasube (**C** E2)
→ *9, rue Sainte-Anne (1er) Tel 01 47 03 96 37*
Seg-sáb 12h-14h30, 19h-22h30
Para descobrir outros pratos além do sushi. O bentô do almoço por €15 é um achado, e os grelhados são deliciosos. No subsolo, come-se sentado no tatame (depois de tirar os sapatos!). Menu fixo €15-24.

Colette Water Bar (**C** D2)
→ *213, rue Saint-Honoré (1er) Tel 01 55 35 33 90 Seg-sáb 11h-19h*
No templo da badalação, um bar de águas que, no entanto, não se restringe a elas. Sucos, bebidas gasosas e bombons, além de bufê frio e refinado.

Le Café Marly (**C** E3)
→ *93, rue de Rivoli (1er) Tel 01 49 26 06 60 Diariam 8h-2h*
Para tomar chá, lanchar ou comer um aperitivo rápido, sente-se em frente à pirâmide enquanto as crianças correm pela esplanada do Louvre ou opte pelo ambiente discreto dos salões Napoleão III.

Ladurée (**C** C2)
→ *16, rue Royale (8e) Tel 01 42 60 21 79 Seg-sáb 8h-19h30 (20h sex-sáb), dom 10h-19h Outros endereços: 75, av. des Champs-Élysées (**E** D3); 21, rue Bonaparte (**A** B2)*
Desde 1862, oferece vinte sabores de macarons (entre outros chocolate, baunilha e pétala de rosa), considerados os melhores de Paris.

Angelina (**C** D3)
→ *226, rue de Rivoli (1er) Tel 01 42 60 82 00*
Diariam 7h30 (8h30 sáb-dom)-19h
Inaugurado em 1903 sob os arcos da rue de Rivoli, esse salão

MOZZA AND CO

GRILLÉ

ANGELINA

A
B
C
1
2
3
Place Saint-Augustin
SAINT-AUGUSTIN
MIROMESNIL
RUE DE COURCELLES
RUE LA BOÉTIE
AVENUE PERCIER
AVENUE DELCASSÉ
RUE DE MIROMESNIL
R. CAMBACÉRÈS
RUE D'ASTORG
BD HAUSSMANN
R. DE ROME
CHAPELLE EXPIATOIRE
RUE DES MATHURINS
TEMPLE DU SAINT-ESPRIT
BD MALESHERBES
RUE D'ANJOU
R. PASQUIER
R. DE L'ARCADE
RUE DE CASTELLANE
RUE TRONCHET
SAINT-PHILIPPE-DU-ROULE
RUE DE PENTHIÈVRE
RUE DU FBG-ST-HONORÉ
RUE DU COLISÉE
AV. F.-D.-ROOSEVELT
RUE JEAN-MERMOZ
AVENUE MATIGNON
RUE DU CIRQUE
Place Beauvau
ARCHEVÊCHÉ DE PARIS
R. DE LA VILLE-L'ÉVÊQUE
RUE DE SURÈNE
RUE MONTALIVET
RUE D'AGUESSEAU
THÉATRE DE LA MADELEINE
VIGNON
RUE GODOT-DE-MAUROY
PINACOTHÈQUE DE PARIS
ÉGLISE DE LA MADELEINE
MADELEINE
BD DE LA MADELEINE
Place de la Madeleine
AVENUE DE MARIGNY
PALAIS DE L'ÉLYSÉE
RUE DU FAUBOURG-ST-HONORÉ
RUE DE L'ÉLYSÉE
AV. GABRIEL
AVENUE
VIIIe
D'ANGLAS
R. BOISSY-
RUE ROYALE
RUE ST-
RUE DU CHEVALIER-DE-ST-GEORGES
RUE DUPHOT
CHAMPS-ÉLYSÉES CLEMENCEAU
AVENUE GABRIEL
THÉATRE DU ROND-POINT
AV. DU GAL-EISENHOWER
AV. W.-CHURCHILL
DES CHAMPS-ÉLYSÉES
NOTRE-DAME-DE L'ASSOMPTION
COUR DES COMPTES
RUE SAINT-FLORENTIN
R. DU MONT
CONCORDE
JEU DE PAUME
GRAND PALAIS
PETIT PALAIS
AV. DUTUIT
Place de la Concorde
AV. EDWARD-TUCK
RUE DE
Place du Canada
COURS-LA-REINE
MUSÉE DE L'ORANGERIE
JARDIN DES TUILER
PONT DES INVALIDES
PONT ALEXANDRE-III
SENA
PONT DE LA CONCORDE
INVALIDES
QUAI D'ORSAY
QUAI DES TUILERIES
GARE PARIS-INVALIDES
LES BERGES
PASS. L.-SEDAR-SENGHOR
QUAI ANATOLE-FRANCE
BD SAINT-GERMAIN
RUE A.-BRIAND
PALAIS-BOURBON
RUE FABERT
AV. DU MAR.-GALLIENI
BD DE LA TOUR-MAUBOURG
RUE
ASSEMBLÉE-NATIONALE
PALAIS DE LA LÉGION D'HONNEUR
RUE DE SOLFÉRINO
MUSÉE-D'ORSAY
MUS D'ORS
DE
RUE DE CONSTANTINE
ESPLANADE DES INVALIDES
MINISTÈRE DE LA DÉFENSE
L'UNIVERSITÉ
RUE SAINT-DOMINI
RUE DE POITIERS
R. DE
INSTITUT
GNE
RUE LA

C

Opéra / Louvre / Orsay

O perímetro elegante e extremamente influente que forma um triângulo dourado entre o Opéra Garnier, a place de la Concorde e a pont des Arts contém uma pequena amostra de algumas das mais belas imagens de Paris. O Louvre de um lado, o Museu d'Orsay do outro e o Sena no meio deles. Para relaxar após as cansativas visitas, longe do burburinho, há gramados e ar livre ao longo dos cais, nos jardins das Tulherias e no centro do Palais-Royal. Na rue Sainte-Anne, uma viagem ao País do Sol Nascente: cantinas japonesas lotadas e rostos felizes de quem gosta de comer bem.

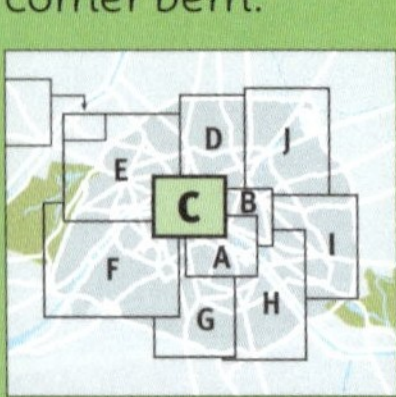

MUSÉE DU LOUVRE

ARTS DÉCORATIFS

Para visitar

★ **Opéra Garnier** (**C** D1)
→ *Tel 01 40 01 17 89* ***Visita*** *Diariam 10h-17h (13h dias de espetáculo)* ***Espetáculos*** *Tel 08 92 89 90 90*
Templo do canto, da música e da dança, esse palácio erigido por Charles Garnier (1874) seduz a todos. Fachada grandiosa, dois lances de escada que conduzem à sala vermelha e dourada com teto de Chagall e decoração com afrescos e mosaicos. ***? O que Apolo brande no alto da Opéra?*** *Uma lira*

★ **Musée du Louvre** (**C** E3)
→ *Cour Napoléon (1er) Tel 01 40 20 50 50*
Qua-seg 9h-18h (21h45 qua, sex)
Sob a pirâmide transparente (1988) do arquiteto I. M. Pei fica a entrada do Louvre, museu que reúne cerca de 35 mil obras. Em meio a itens que vão de antiguidades a pintura europeia, destacam-se o *Friso dos arqueiros*, do palácio de Dario, a *Vênus de Milo*, a *Mona Lisa*, a *Balsa da Medusa* e o diamante *Regente*. Audioguia, visitas temáticas e oficinas para todos os públicos. ***? Em que pedra extremamente dura foi esculpida a colossal esfinge que fica na entrada da ala de antiguidades egípcias?*** *Granito*

★ **Musée des Arts Décoratifs** (**C** D3)
→ *107, rue de Rivoli (1er) Tel 01 44 55 57 50*
Ter-dom 11h-18h (21h qui)
Móveis e objetos de arte da Idade Média aos dias de hoje. Para crianças e pais nostálgicos, uma boa pedida é a Galeria dos Brinquedos, todos originais. ***? No sétimo andar fica a mulher-poltrona Clarice, projetada por Niki de Saint Phalle em 1981. O que ela traz no peito?*** *Um coração e um olho*

★ **Jeu de Paume** (**C** C2)
→ *1, pl. de la Concorde (8e) Tel 01 47 03 12 50*
Ter-dom 11h-19h (21h ter)
Construído por Napoleão III em 1862, o antigo Jeu de Paume apresenta importantes mostras relacionadas à imagem (fotos, instalações, vídeos etc.). Percurso para famílias com crianças entre 7 e 11 anos. ***? Que animal***

PALAIS-ROYAL

MUSÉE EN HERBE

JARDIN DES TUILERIES

é visto diante do Jeu de Paume, acima da place de la Concorde? Um leão

★ Musée de l'Orangerie (C C3)

→ *Tel 01 44 50 43 00 Qua-seg 9h-18h*

Contraponto ao Jeu de Paume, o Orangerie (1853) abriga as *Ninfeias*, série magnífica que foi doada por Monet em 1922 e convida ao devaneio. No subsolo, 144 obras de Cézanne, Matisse, Derain, Picasso, Modigliani, Soutine e outros. Museu grande, mas não a ponto de deixar os mais novos esgotados. ❓ ***O que a série Ninfeias, de Monet, evoca?*** *O passar do dia, do alvorecer ao crepúsculo*

★ Musée d'Orsay (C C4)

→ *1, rue de Bellechasse (7ᵉ) Tel 01 40 49 48 14*
Ter-dom 9h30-18h (21h45 qui)

Telas e esculturas de mestres do séc. XIX e do início do séc. XX estão expostas debaixo da monumental cobertura de vidro de uma antiga estação ferroviária (1900). Um templo de impressionistas e seus próximos, como Manet, Degas, Renoir, Gauguin e Van Gogh. Visitas, concertos para a família, audioguia e percursos lúdicos. ❓ ***Que frutas são retratadas no quadro*** A refeição, ***de Paul Gauguin?*** *Bananas, laranjas e uma goiaba*

Para relaxar

★ Place Vendôme (C D2)

No centro da praça (1699), a coluna Vendôme (1810) exibe seus baixos-relevos de bronze, que celebram a vitória do Grande Exército na Batalha de Austerlitz (1805) e compõem uma espiral até o topo. ❓ ***O que se vê no topo da coluna Vendôme?*** *Napoleão, representado como César*

★ Palais-Royal (C E2)

→ *Pl. du Palais-Royal (1ᵉʳ)*

A atmosfera pacata do jardim e das galerias próximas esconde o fato de que, a partir de 1790, debaixo dessas arcadas, o jogo e a prostituição imperaram. Em 1986, Buren introduziu colunas listradas no pátio principal. As crianças adoram. Bem perto fica a entrada de uma estação de metrô transformada por Jean-Michel Othoniel para parecer uma coroa ou carruagem. ❓ ***Que escritora amiga dos animais morou no nº 9 da rue de Beaujolais, no Palais-Royal?*** *Colette*

★ Pont des Arts (C E4)

Essa ponte de pedestres, erguida em 1804, foi a primeira passarela metálica e é conhecida pelos milhares de cadeados do amor. Quando o tempo está bom, atrai muita gente que quer fazer um piquenique. A vista é agradavelmente parisiense: de um lado e de outro, veem-se o Louvre, a cúpula clássica do Institut de France, a Torre Eiffel e a Notre-Dame. Originalmente havia nove arcos na ponte. ❓ ***Quantos existem hoje?*** *7*

Para brincar

★ Musée en Herbe (C F2)

→ *21, rue Hérold (1ᵉʳ) Tel 01 40 67 97 66*
Diariam 10h-19h (21h qui)

O primeiro museu do tamanho das crianças. Duas exposições anuais, dedicadas a um artista ou movimento, com oficinas no final para crianças entre 3-4 anos ou 5-12.

★ Jardin des Tuileries (C C3)

→ *Abr-mai: diariam 7h-21h; jun-ago: diariam 7h-23h; set-mar: diariam 7h30-19h30*

Um parque projetado por Le Nôtre, jardineiro do rei Luís XIV, em 1666. Lagos, terraços, castanheiras e tílias dispostas em quadrilátero, com uma em cada ângulo e a quinta no centro, além de esculturas de Rodin, Giacometti e Dubuffet. Carrossel, pequenos veleiros de brinquedo e uma quantidade enorme das famosas cadeiras.

★ Les Berges (C C3)

→ *Quai Anatole-France e quai d'Orsay*

Exclusivas para pedestres desde 2013, as marginais seguem um itinerário inovador, composto de jogos ao ar livre (amarelinha, parede de escalada, cordas para subir), arte de rua, jardins flutuantes e "ducha sonora" sob a ponte da Concorde. Bares e quiosques para comer alguma coisa.

D
E
F
Mapa D
Mapa B
1
2
3
IXe
IIe
Ier
RUE DE PROVENCE
GALERIES LAFAYETTE
CHAUSSÉE-D'ANTIN LA FAYETTE
R. DE LA CHAUSSÉE-D'ANTIN
RUE LA FAYETTE
PROVENCE
RUE RICHER
RUE DE TRÉVISE
BOULEVARD
MATHURINS
HAUSSMANN
RUE AUBER
OPÉRA GARNIER
Place de l'Opéra
THÉÂTRE ÉDOUARD-VII
BD DES CAPUCINES
OPÉRA
BD DES ITALIENS
RICHELIEU-DROUOT
SALLE FAVART
MONTMARTRE
BD
MAIRIE DU IXe
MUSÉE GRÉVIN
THÉÂTRE DES NOUVEAUTÉS
GRANDS-BOULEVARDS
THÉÂTRE DES VARIÉTÉS
RUE SAINT-MARC
RUE FEYDEAU
R. D'UZÈS
R. ST-FIACRE
RUE DES JEÛNEURS
RUE DU 4-SEPTEMBRE
4-SEPTEMBRE
RUE DAUNOU
R. DE LA PAIX
RUE L.-LE-GRAND
THÉÂTRE DE LA POTINIÈRE
Place Gaillon
R. SAINT-AUGUSTIN
BOURSE DES VALEURS
BOURSE
RUE RÉAUMUR
R. ST-JOSEPH
R. DU SENTIER
PLACE VENDÔME
RUE D.-CASANOVA
RUE GOMBOUST
Place du Marché-Saint-Honoré
AVENUE DE L'OPÉRA
PYRAMIDES
RUE DES PETITS-CHAMPS
BIBLIOTHÈQUE NATIONALE
GALERIE VIVIENNE
MAIRIE DU IIe
N.-D.-DES-VICTOIRES
Place des Victoires
RUE DU MAIL
SENTIER
MUSÉE EN HERBE
PALAIS-ROYAL
BANQUE DE FRANCE
R. ÉTIENNE-MARCEL
RUE SAINT-HONORÉ
SAINT-ROCH
RIVOLI
TUILERIES
Place des Pyramides
Place Colette
COMÉDIE-FRANÇAISE
Place du Palais-Royal
MUSÉE DES ARTS DÉCORATIFS
JARDIN DU CARROUSEL
ARC DE TRIOMPHE DU CARROUSEL
PALAIS-ROYAL-MUSÉE DU LOUVRE
BOURSE DE COMMERCE
SAINT-EUSTACHE
LES HALLES
RUE BERGER
RUE DE RIVOLI
PYRAMIDE
Cour Napoléon
Cour Carrée
LOUVRE RIVOLI
MUSÉE DU LOUVRE
PALAIS DU LOUVRE
Place du Louvre
MAIRIE DU Ier
SAINT-GERMAIN-L'AUXERROIS
QUAI FRANÇOIS-MITTERRAND
PONT ROYAL
PONT DU CARROUSEL
PONT DES ARTS
Q. DU LOUVRE

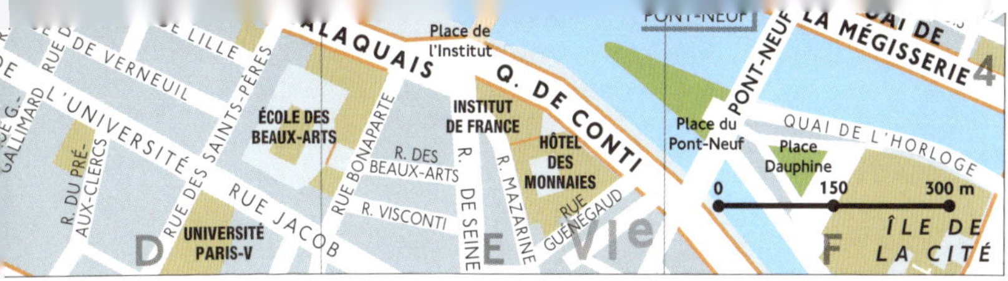

◀ Mapa A/B

'e chá em estilo vienense prepara o Africano, chocolate quen- espesso, aveludado, servido numa bandeja de prata.

Para comprar

laille (**C** C2)
6, pl. de la Madeleine (8e) Tel 01 40 15 06 00 Seg-sáb 10h-19h
ostardas com todo tipo de molho: tradicional com grãos, a anel, com manga e com temperos tailandeses. Dá vontade experimentar e de cozinhar!

édiard e Fauchon (**C** C1)
21 e 26, pl. de la Madeleine (8e) Seg-sáb 9h-20h
is estabelecimentos históricos e rivais localizados na mes- praça, um de frente para o outro. Geleias, chás, chocolates, achas e temperos. Os olhos dos gastrônomos brilham dian- dos balcões, onde são preparados pratos para viagem e os embalagens que parecem caixas de joias.

petto (**C** D2)
22, rue de la Paix (2e) Tel 01 44 71 83 12 Seg-sáb 9h30-19h30
us, collants, chinelos e sapatilhas envernizadas de todas cores, materiais e formas. Leve sua filha, mesmo que ela não a dança (no Opéra de Paris, bem ao lado, há uma escola).

s Drapeaux de France (**C** E3)
l. Colette (1er) Tel 01 40 20 00 11 Ter-sáb 12h30-19h30
rta em 1949, uma loja de miniaturas de chumbo ou esta- , em três dimensões ou chatas e pintadas à mão.

na Joliet (**C** E2)
rue de Beaujolais (1er) Tel 01 42 96 55 13 Ter-sáb 12h-19h

REPETTO

Sob os arcos do Palais-Royal, essa loja parecida com uma casinha de bonecas oferece caixas de música próprias e do mundo inteiro, com canções de ninar, cantigas e árias de ópera.

Si tu veux (jouer) (**C** E2)
→ 68, galerie Vivienne (2e) Tel 01 42 60 59 97 Seg-sáb 10h30-19h
Caso precise, eis um bom motivo para entrar na galeria Vivienne, uma das mais belas passagens parisienses: essa loja, que tem o charme de antigamente, fez uma seleção dos brinquedos preferidos das crianças nos últimos 50 anos e das melhores novidades de hoje. Dona de um entusiasmo contagiante, sua fundadora, Madeleine Deny, tem iniciativa e sabe dar bons conselhos.

ANNA JOLIET

LES DRAPEAUX DE FRANCE

brincar assim que matarem a fome, esse café arrojado tem pratos do dia e delícias britânicas: scones, crumble, cupcakes, cookies etc. Brunch popular no fim de semana. Prato €20-25.

Gontran Cherrier (**D** B3)
→ *22, rue Caulaincourt (18e) Tel 01 46 06 82 66*
Seg-ter, qui-sáb 7h30-20h; dom 8h-20h
As ideias audaciosas de Gontran Cherrier, padeiro que virou estrela da TV, merecem ser aplaudidas de pé. Entre as muitas novidades, pães com aroma de especiarias ou de tinta de lula. Menção especial para os produtos de confeitaria, como os croissants, que por si sós já fazem a visita valer a pena.

Le Comptoir belge (**D** C5)
→ *58, rue des Martyrs (18e) Diariam 10h30-20h*
O waffle à moda de Liège: rico, macio e revigorante. Simples €3; com calda de caramelo €4; com calda de chocolate €4,50.

Para comprar

Marché Saint-Pierre (**D** C4)
→ *2, rue Charles-Nodier (18e) Tel 01 46 06 92 25*
Seg-sáb 10h-18h30 (19h sáb)
O reino dos tecidos, distribuído por cinco andares e com mais de 80 anos. Dá vontade de costurar e criar peças sedutoras.

Tombées du Camion (**D** B3)
→ *17, rue Joseph-de-Maistre (18e) Tel 09 81 21 62 80*
Diariam 13h-20h
Pontas de estoque de fábricas e objetos de todos os tipos, tanto os indispensáveis como os inúteis. Uma loucura!

Käramell (**D** B5)
→ *15, rue des Martyrs (9e) Tel 01 53 21 91 77*
Ter-sáb 11h-20, dom 10h30-19h
Cento e cinquenta variedades de balas escandinavas e finlandesas, de todas as cores e formatos.

Village Joué Club (**D** B6)
→ *5, blvd des Italiens (2e) Tel 01 53 45 41 41 Seg-sáb 10h-20h*
Verdadeiro labirinto formado por doze lojas especializadas (Playmobil, Lego, miniaturas de gente e animais, bonecas, jogos de salão, modelismo etc.). Enorme e sedutor.

À la Mère de famille (**D** C6)
→ *35, rue du Fbg-Montmartre (9e) Tel 01 47 70 83 69 Seg-sáb 9h30-20h, dom 10h-13h*
Desde 1761, essa "mãe" atenciosa abastece os parisienses com chocolates e outros doces, como pirulitos, marshmallows e calissons, além de uma pasta viciante para passar no pão.

Sakina M'sa (**D** D3)
→ *6, rue des Gardes (18e) Tel 01 56 55 50 90 Seg-sex 10h-13h, 14h-18h; sáb 14h-19h*
Especializado em reciclagem de materiais, esse estilista das ilhas Comores produz macacões, vestidos, saias e tops de linhas perfeitas e cores brilhantes.

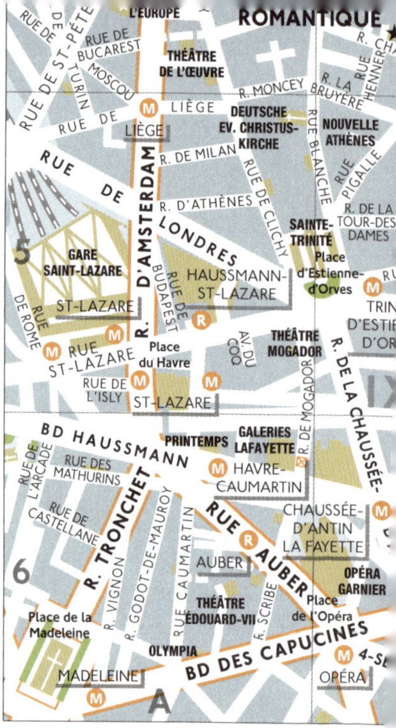

LA POINTE DU GROIN

BOUILLO

Para se deliciar

Les Pâtes vivantes (**D** C6)
→ *46, rue du Fbg-Montmartre (9e) Tel 01 45 23 10 21*
Seg-sáb 12h-15h, 19h-23h
Massas frescas, amassadas diante dos clientes, depois estendidas, enroladas a mão e, por fim, mergulhadas numa tigela de sopa com carne, frango ou outros ingredientes. Cantina chinesa enfumaçada e cheia de gente. Prato €9,50-13,50.

La Pointe du Groin (**D** D5)
→ *8, rue de Belzunce (10e) Tel 01 58 78 28 80 Seg-sex 8h-24h*
Endereço que não tem medo de nada, muito menos de criança! No caixa eletrônico, troque os euros por "groins". Em seguida, examine o cardápio: tudo é tão gostoso que você vai ficar indeciso entre a minibaguete e o pão de hambúrguer, e depois quanto ao recheio (queijo de cabra, aipo e mel; salsichão e pepino em conserva; frango de Bresse e rúcula; linguiça e mostarda; arenque e creme de leite azedo). O ovo mayo é de fechar o comércio, e as sobremesas são perfeitas. Menu fixo €10.

Café Marlette (**D** C5)
→ *51, rue des Martyrs (9e) Tel 01 48 74 89 73*
Ter-sex 8h30-18h30, sáb 10h-19h30, dom 10h-18h
Para saborear comida orgânica e saudável: sanduíches abertos, saladas, cremes e sobretudo bolos, responsáveis pela fama do lugar. Se gostar e quiser repetir, é só pedir! Prato €10-15.

Bouillon Chartier (**D** C6)
→ *7, rue du Fbg-Montmartre (9e) Tel 01 47 70 86 29*
Diariam 11h30-22h
Um magnífico "caldeirão" da Belle Époque, pitoresco e turístico, serve de ambiente para uma cozinha caseira (aipo com maionese de mostarda, salada de alface com bacon, vitela com agrião) em meio a um simpático burburinho.

Big Fernand (**D** C5)
→ *55, rue du Fbg-Poissonnière (9e) Tel 01 73 70 51 52*
Seg-sáb 12h-14h30, 19h30-22h30
Nessa lanchonete, os "hamburgés" têm nomes tipicamente franceses. Pão caseiro, carnes e queijos artesanais e fritas excelentes. Os atendentes se vestem de malandro parisiense e usam um linguajar popular condizente. Serviço rápido e barulhento! Cachorros-quentes no nº 45. Hambúrguer €11-14.

Rose Bakery (**D** B5)
→ *46, rue des Martyrs (9e) Tel 01 42 82 12 80 Ter-dom 9h-18h*
Endereço original de um estabelecimento que já gerou filhotes (na parte alta do Marais e na Maison Rouge) e imitadores. Saladas, tortas, pratos do dia e bolos apetitosos. Badalado, um pouquinho caro e lotado nos fins de semana – mas muito bom. Prato €14-18.

Le Bal Café (**D** A4)
→ *6, impasse de la Défense (18e) Tel 01 44 70 75 51*
Qua-dom 12h-20h (23h qui) ***Cozinha*** *Qua, sex 12h-14h30; qui 12h-14h30, 20h-22h30; sáb-dom 11h-15h (16h dom)*

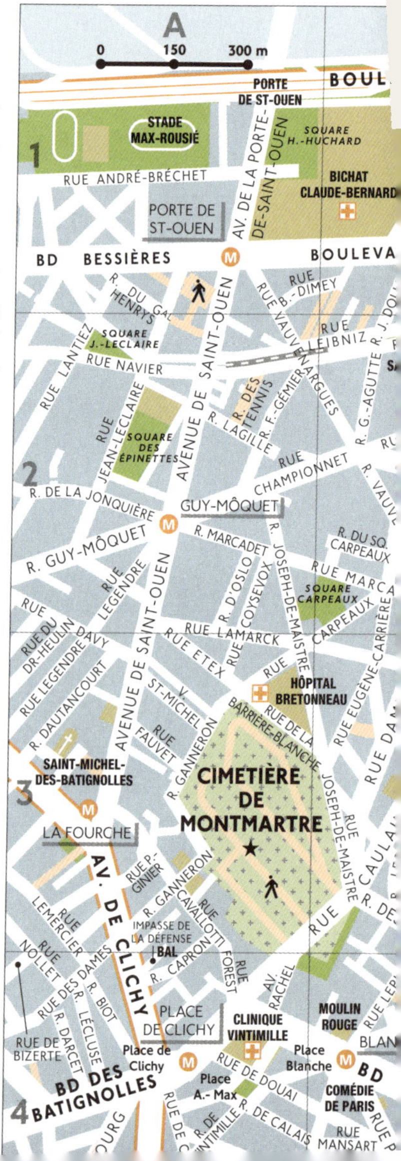

D

Montmartre / Grands Boulevards

Ao redor da Butte, as ruelas inclinadas serpenteiam na direção da Sacré-Coeur, que se ergue no final de dezenas de lances de escada. Lá embaixo, as crianças podem brincar no carrossel ou pegar o teleférico que sobe até a praça em frente à igreja, de onde se tem uma vista magnífica da cidade. Montmartre se estende até SoPi, bairro badalado ao sul de Pigalle, penetrando preguiçosamente na romântica Nouvelle Athènes. A leste, uma Paris cosmopolita aguça os sentidos, de Barbès à passagem Brady, antes da agitação dos Grands Boulevards.

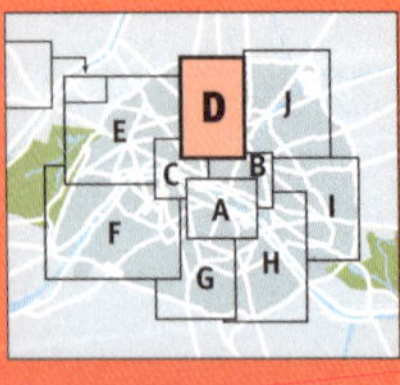

SACRÉ-CŒUR

MUSÉE GUSTAVE-MOREAU

Para visitar

★ Sacré-Cœur (**D** C3)
→ *Parvis du Sacré-Cœur Diariam 6h-22h30*
A basílica imaculada (1875-1914) atrai multidões, que sobem quase 300 degraus para admirar uma das mais belas vistas de Paris, a praça diante da construção e sua cúpula. No interior, o maior mosaico da França, de ouro cintilante. ***?* No mosaico do coro, o que é possível identificar aos pés de Cristo, ao lado de São Miguel?** *Joana d'Arc*

★ Halle Saint-Pierre (**D** C4)
→ *2, rue Ronsard (18e) Tel 01 42 58 72 89*
Set-jul: seg-sáb 11h-18h (19h sáb), dom 12h-18h; ago: seg-sex 12h-18h
Nesse antigo mercado coberto do séc. XIX, funciona um museu que os mais novos tendem a aprovar, pois é dedicado às artes brutalista e naïf, bem como à arte popular contemporânea do mundo inteiro. Agradável salão de chá no térreo. ***?* Que materiais foram utilizados na construção do mercado?** *Vidro, ferro e tijolos*

★ Musée Gustave-Moreau (**D** B5)
→ *14, rue de La Rochefoucauld (9e) Tel 01 48 74 38 50*
Seg, qua-qui 10h-12h45, 14h-17h15; sex-dom 10h-17h15
A residência-ateliê do simbolista Gustave Moreau (1826-1898) guarda cerca de 5 mil desenhos e 1.200 telas, nos quais aparecem um bestiário fantástico e personagens da mitologia. ***?* No segundo andar, que animal está pousado no mastro da nau dos Argonautas (1897)?** *Um carneiro*

★ Musée de la Vie Romantique (**D** B4)
→ *16, rue Chaptal (9e) Tel 01 55 31 95 67*
Ter-dom 10h-18h ***Café*** *fim mar-fim out*
Encantador, o Museu da Vida Romântica ocupa a casa do pintor Ary Scheffer (1795-1858). Reúne objetos que pertenceram a George Sand (pseudônimo da escritora Amandine Dupin), quadros e mobiliário da época. O delicioso café, no interior do jardim de inverno, prolonga-se para um terraço debaixo das árvores. ***?* Quem foi uma das paixões de George Sand?** *O compositor polonês Frédéric Chopin, um dos expoentes do Romantismo*

MUSÉE GRÉVIN

LE LOUXOR

MANOIR DE PARIS

★ Cimetière de Montmartre (D A3)

→ *20, av. Rachel (18e) Tel 01 53 42 36 30*
Meados mar-out: diariam 8h (8h30 sáb, 9h dom)-18h; nov-meados mar: diariam 8h (8h30 sáb, 9h dom)-17h30
Cemitério com uma paisagem ondulada, árvores centenárias e uma estatuária bem bonita. Nele repousam Dumas Filho, Offenbach, Degas, Nijinski, Guitry e Dalida. ❓ ***Como o bailarino Nijinski está representado em seu túmulo?*** ***Com um figurino do balé Petrushka, de Stravinski***

★ Musée Grévin (D C6)

→ *10, blvd Montmartre (9e) Tel 01 47 70 85 05 Diariam 10h-18h30 (19h sáb-dom); férias escolares: diariam 9h30-19h*
Centenas de celebridades de ontem e de hoje imortalizadas em estátuas de cera. Som e luz no Palácio das Miragens e a possibilidade de tirar uma foto ao lado do seu esportista preferido. ❓ ***Até quantos fios de cabelo natural podem ser implantados numa cabeça de cera?*** ***500 mil!***

Para relaxar

★ Montmartre (D C3)

→ ***Funicular*** *Diariam 6h-0h45*
A menos que se queira cumprir o ritual de tirar um retrato na praça do Tertre, o melhor do bairro fica mais adiante, nas sedutoras ladeiras pavimentadas, com pracinhas, vinhedos, cafés e lojas. ❓ ***Quantos degraus tem a escada que leva ao topo da Butte (ao lado do teleférico)?*** ***222***

★ Passeio do Château-Rouge até a passage Brady (D D3-D6)

→ *Rues Doudeauville, des Poissonniers, Poulet, Myrha, blvd Barbès, rues du Fbg-Poissonnière, de Belzunce, d'Hauteville, Paradis, du Fbg-Saint-Denis, passage Brady*
Passeio cosmopolita ao mercado Dejean, coração africano de Paris, onde se vendem tecidos encerados coloridos, peixes tropicais e frutas exóticas. O boulevard Barbès fica bastante animado nos dias de feira (terça e sábado). Bairro indiano na passage Brady e turco na rue du Faubourg-Saint-Denis. ❓ ***Como se chama o bairro que fica entre o Château-Rouge e o blvd Barbès?*** ***La Goutte-d'Or ("O Pingo de Ouro"), em referência às antigas vinhas do local***

Para brincar

★ La Recyclerie (D C1)

→ *83, blvd Ornano (18e) Diariam 7h-24h*
Agenda no Facebook
Numa estação da antiga linha ferroviária, um espaço alternativo para comer algo, consertar os óculos e conhecer a ecologia. Bem perto veem-se estranhos jardins divididos, ao longo da ferrovia. Fazenda urbana, *food trucks*, feira de trocas, mercado de pulgas, shows etc.

★ Le Louxor (D D4)

→ *170, blvd de Magenta (10e) Tel 0892 68 05 79*
www.cinemalouxor.fr
Um palácio do cinema (1921) de aparência neoegípcia. Programação infantil às quartas e nos fins de semana. Bar em estilo art déco e terraço com vista para a Sacré-Coeur.

★ Manekineko de Montmartre (D B4)

→ *1 bis, rue Garreau (18e) Tel 01 42 64 52 78*
Qua-sex 16h-19h, sáb 15h-19h e com reserva
Agenda em www.bonjourparis.jp
Em sua loja-ateliê, Tomoko realiza oficinas de origami, caligrafia, culinária e japonês.

★ Manoir de Paris (D D5)

→ *18, rue de Paradis (10^{e}) Tel 06 70 89 35 87*
Qui-sex 18h-22h, sáb-dom 15h-19h
Uma casa mal-assombrada em uma antiga fábrica de cerâmica. Calafrios garantidos durante os 50min de mergulho no lado sombrio da história de Paris. Para maiores de 10 anos.

★ La Tête dans les Nuages (D B6)

→ *5, blvd des Italiens 01 42 44 19 13 (2^{e}) Tel 01 42 44 19 13*
Seg-qui 11h-0h30, sex 11h-2h, sáb 10h-2h, dom 10h-0h30
A maior sala de videogames da Europa! Boliche, jogo de malha, simuladores etc. Para maiores de 3 anos.

B
SAINT-OUEN
C
D
PORTE DE CLIGNANCOURT
BOULEVARD PÉRIPHÉRIQUE
PÉRIPHÉRIQUE
STADE BERTRAND-DAUVIN
STADE DES POISSONNIERS
JARDIN RENÉ-BINET
RUE RENÉ-BINET
RUE JEAN-COCTEAU
AV. DE LA PORTE-DE-CLIGNANCOURT
AV. DE LA PORTE-DES-POISSONNIERS
AV. DE LA PORTE-DE-MONTMARTRE
BD NEY
PORTE DE MONTMARTRE
LA RECYCLERIE
PORTE DE CLIGNANCOURT
RUE LEIBNIZ
RUE BELLIARD
RUE DU POTEAU
SAINTE-HÉLÈNE
RUE LETORT
RUE G.-ROUANET
BOULEVARD ORNANO
RUE CHAMPIONNET
RUE DU RUISSEAU
RUE A.-MESSAGER
R. V.-COMPOINT
DAMRÉMONT
RUE DUHESME
RUE DU MONT-CENIS
R. HERMEL
N.-D.-DU-BON-CONSEIL
SIMPLON
RUE DU SIMPLON
R. BOINOD
RUE DES POISSONNIERS
RUE ORDENER
RUE MONTCALM
RUE CALMELS
N.-D.-DE-CLIGNANCOURT
SQUARE DE CLIGNANCOURT
R. DE CLIGNANCOURT
RUE DU NORD
RUE DES CLOYS
R. ORDENER
MAIRIE DU XVIIIe
JULES-JOFFRIN
RUE A.-MARTINET
SQUARE LÉON-SERPOLLET
RUE DUC
XVIIIe
RUE FLOCON
RUE EUGÈNE-SUE
R. RAMEY
RUE SIMART
RUE MARCADET
SAINT-PAUL
MARCADET-POISSONNIERS
R. DE LA FONTAINE-DU-BUT
RUE FRANCŒUR
RUE DU BAIGNEUR
LAMARCK-CAULAINCOURT
RUE CAULAINCOURT
RUE LABAT
RUE STEPHENSON
RUE ERNESTINE
RUE LÉON
CIMETIÈRE SAINT-VINCENT
RUE CUSTINE
R. BECQUEREL
RUE LAMARCK
RUE BACHELET
RUE LAMBERT
RUE DE CLIGNANCOURT
CHÂTEAU ROUGE
RUE POULET
RUE DOUDEAUVILLE
RUE DE LAGHOUAT
MUSÉE DE MONTMARTRE
R. DES SAULES
RUE CORTOT
MONTMARTRE
AVENUE JUNOT
RUE NORVINS
R. GIRARDON
RUE LEPIC
RUE CHEV.-DE-LA-BARRE
CHÂTEAU-ROUGE
RUE MYRHA
RUE CAVÉ
ÉGLISE ST-PIERRE-DE-MONTMARTRE
SACRÉ-CŒUR
R. MULLER
Place E.-Goudeau
Place du Tertre
RUE RICHOMME
RUE DES GARDES
R. POLONCEAU
RUE RONSARD
RUE A.-DEL-SARTE
RUE GARREAU
RUE DURANTIN
R. THOLOZÉ
RUE BURO
MONTMARTRE
HALLE SAINT-PIERRE
R. DE LA VIEUVILLE
RUE GABRIELLE
ST-BERNARD DE-LA-CHAPELLE
MANEKINEKO DE MONTMARTRE
RUE DES TROIS-FRÈRES
R. CHAPPE
Place Saint-Pierre
RUE C.-NODIER
R. P.-PICARD
RUE DE SOFIA
BOULEVARD BARBÈS
RUE DE LA GOUTTE-D'OR
ABBESSES
R. YVONNE-LE-TAC
R. TARDIEU
SAINT-JEAN-L'ÉVANGÉLISTE
Place des Abbesses
RUE FLEURY
RUE D'ORSEL
BARBÈS-ROCHECHOUART
BD DE LA CHAPELLE
PIGALLE
RUE G.-PILON
RUE HOUDON
R. DES MARTYRS
THÉÂTRE DE L'ATELIER
ANVERS
BD DE ROCHECHOUART
LE LOUXOR
CLICHY
PIGALLE
LA CIGALE
Place d'Anvers
RUE GÉRANDO
RUE DUPERRÉ
Place
RUE DU DELTA
HÔPITAL LARIBOISIÈRE
1
2
3
Mapa J
Mapa J

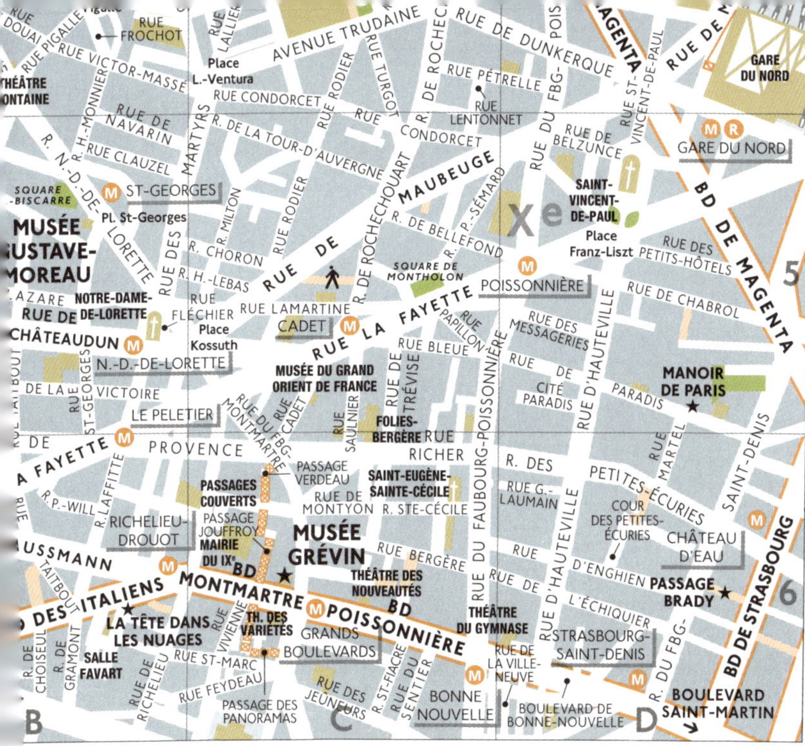

◀ Mapa B

LE COMPTOIR BELGE

À LA MÈRE DE FAMILLE

TOMBÉES DU CAMION

Para se deliciar

Le Bloc Café (**E** F1)
→ *21, rue Brochant (17e) Tel 01 53 11 02 37 Diariam 8h30-2h*
Um café de época à moda de Berlim: decoração vintage, terraço e minipratos gostosos, entre eles hambúrgueres e macarrão coquillette com presunto. Brunch €10; prato €8-10.

Café Jacquemart-André (**E** E3)
→ *158, blvd Haussmann (8e) Tel 01 45 62 11 59*
Seg-sex 11h45-17h30 (18h30 seg), sáb-dom 11h-18h30 (17h30 dom) ***Salão de chá*** *15h*
O salão de chá elegante e charmoso do Museu Jacquemart-André, para um chá debaixo do teto pintado por Tiepolo ou um brunch com vista para o jardim. Comidas leves e doces deliciosos. Menu infantil €7; prato €8-28.

Camion Qui Fume (**E** B3)
→ *31, blvd de l'Amiral-Bruix (16e) e 11, pl. de la Madeleine* (**E** F3)
www.lecamionquifume.com
O *food truck* mais famoso de Paris! Descubra o trajeto no site e chegue cedo (ou se prepare para esperar). Hambúrgueres preparados com carinho por uma californiana que conhece tudo do assunto. Hambúguer €8,50; menu fixo €10,50.

Aubrac Corner (**E** D3)
→ *37, rue Marbeuf (8e) Tel 01 43 59 05 14*
Seg-sex 7h45-18h30, sáb 11h-18h
O público se espreme no Corner da Maison de l'Aubrac. Carne de qualidade produzida em Aveyron pela família do proprietário. Saborosos hambúrgueres e, para variar, purê de batata com queijo, em vez de fritas. À noite, o apetitoso cardápio da casa (aberta 24h) é mais caro. Hambúrguer €9,20.

Mum Dim Sum (**E** E2)
→ *14, blvd de Courcelles (17e) Tel 01 46 22 33 04*
Seg-sáb 12h-15h, 19h-22h
Fast-food zen que oferece guioza no vapor à moda de Cantão de camarão, frango com shiitake ou carne com capim-limão. Nutritivo e exótico. Menu fixo a partir de €9,70.

Le Petit Pavillon (**E** A2)
→ *Jardin d'Acclimatation Diariam 10h-19h (18h out-mar)*
Apesar da lousa e das carteiras, esse café nostálgico, simpático e despretensioso não tem nada de sério. Come-se gastando pouco. Menu fixo infantil €7; adulto €12,90.

Minipalais (**E** E4)
→ *3, av. Winston-Churchill (8e) Tel 01 42 56 42 42 Diariam 10h-2h*
Da série "restaurantes de museu", é sem dúvida um dos ma espetaculares, sobretudo pelo terraço impressionante. Sob olhar do chef estrelado Éric Fréchon, a cozinha oferece algun pratos que não exigem muito do paladar infantil (embutidos saladas e sorvetes). Prato €17-25.

Relais de Venise – L'Entrecôte (**E** C2)
→ *271, blvd Pereire (17e) Tel 01 45 74 27 97*
Diariam 12h-14h30, 19h-23h45
Essa cervejaria serve um único prato desde 1959: um contra-filé incrivelmente macio, com batata frita e molho "secreto". Não aceita reserva. Chegue cedo – ou tarde. Prato €27.

Maison Pou (**E** C2)
→ *16, av. des Ternes (17e) Tel 01 43 80 19 24*
Seg-sex 9h30-19h, sáb 9h-19h
Na mais pura tradição francesa, deliciosos embutidos, patê com torrada, tortas e bolinhos de queijo.

MUM DIM SUM

CAMION QUI FUME

LE PETIT PAVILLON

A
B
C
1
2
3
LA DÉFENSE
GRANDE ARCHE
C.N.I.T.
Parvis
LA DÉFENSE-GRANDE ARCHE
LES 4-TEMPS
Esplanade du Gal-de-Gaulle
ESPLANADE DE LA DÉFENSE
CIMETIÈRE DE NEUILLY
R. DE LA DEMI-LUNE
AVENUE GAMBETTA
BOULEVARD CIRCULAIRE
RUE DE BEZONS
RUE V.-HUGO
PARC DIDEROT
RUE L.-BLANC
R. DU GÉN.-AUDRAN
RUE DE L'ABREUVOIR
R. DU PDT-P.-DOUMER
SENA
ÎLE DU PONT
PONT DE NEUILLY
BD P.-GAUDIN
AVENUE J.-MOULIN
AV. DU GÉN.-DE-GAULLE
ANATOLE-FRANCE
LEVALLOIS-PERRET
LOUISE-MICHEL
PORTE DE CHAMPERRET
SQUARE SAINTE-ODILE
NEUILLY-SUR-SEINE
LA DÉFENSE
AVENUE DU ROULE
AVENUE CHARLES-DE-GAULLE
LES SABLONS
BOULEVARD VICTOR-HUGO
BD BINEAU
AV. DE LA PORTE-DE-CHAMPERRET
BD DE L'YSER
BD GOUVION-SAINT-CYR
BOULEVARD PEREIRE (NORD)
BOULEVARD PEREIRE (SUD)
MARCHÉ DES TERNES
XVIIe
BOULEVARD PERSHING
PALAIS DES CONGRÈS DE PARIS
NEUILLY-PORTE MAILLOT
AVENUE DES TERNES
RUE BRUNEL
PORTE MAILLOT
Place de la Porte-Maillot
Place Saint-Ferdinand
JARDIN D'ACCLIMATATION
PAVILLON D'ARMENONVILLE
AVENUE DU MAHATMA-GANDHI
FONDATION LOUIS-VUITTON
ALLÉE DE LONGCHAMP
BD PÉRIPHÉRIQUE
BD DE L'AMIRAL-BRUIX
AV. DE MALAKOFF
AV. DE LA GRANDE-ARMÉE
ARGENTINE
AV. MAC-MAHON
Place Charles-de-Gaulle
ARC DO TRIU
PORTE DAUPHINE
Place du Maréchal-de-Lattre-de-Tassigny
AVENUE FOCH
MUSÉE D'ENNERY
FONDATION OLFERT-DAPPER
AV. VICTOR-HUGO
KLÉBER
BOIS DE BOULOGNE
UNIVERSITÉ PARIS-DAUPHINE
MUSÉE DE LA CONTREFAÇON
AVENUE BUGEAUD
Place Victor-Hugo
VICTOR-HUGO
RUE COPERNIC
AV. KLÉBER
BD LANNES
BOISSIÈRE
Place des États-Unis

Concorde / Champs-Élysées / Batignolles E

Paris dá a impressão de se espreguiçar até La Défense, região coalhada de arranha-céus e cujo Grande Arco remete ao Arco do Triunfo. Suas avenidas têm um brilho especial. Na lendária Champs-Élysées, uma multidão colorida se espalha por entre lojas e cinemas até o Petit e o Grand Palais: é a Paris de 1900, que se prolonga até a ponte Alexandre III, decorada com Pégasos dourados. Na place de la Concorde, a dois passos do obelisco, tritões e sereias emergem da Fonte dos Mares. Ao norte, museus de uma serenidade clássica dão asas à imaginação, enquanto a oeste a natureza desabrocha no bois de Boulogne.

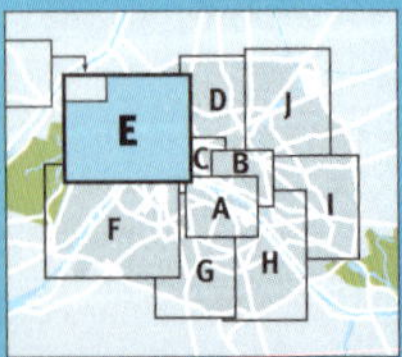

ARCO DO TRIUNFO

MUSÉE JACQUEMART-ANDRÉ

Para visitar

★ La Défense (**E** A1)
Criado nos anos 1960 e coalhado de torres, esse bairro comercial é um prolongamento do Eixo Triunfal, 7km a oeste. A apoteose é o Grande Arco (1989), de Otto Von Spreckelsen, gigantesco cubo vazio que se assemelha a um Arco do Triunfo contemporâneo. Não deixe de conhecer, no fim da esplanada, as estátuas de Miró e um *stabile* de Calder. ❓ ***Que animal o stabile de Calder traz à mente?***
Uma Aranha, o outro título dessa escultura

★ Arco do Triunfo (**E** C3)
Seguindo a tradição antiga, Napoleão queria que esse arco celebrasse seu exército e a capital de seu império. Suba ao topo para ter uma vista da praça em forma de estrela, cujo nome vem bem a calhar. Embaixo, a chama do Túmulo do Soldado Desconhecido arde ininterruptamente desde 1923. ❓ ***Ande ao redor do arco. Quem é a mulher alada, com a espada na mão, que simboliza a liberdade?***
A Marselhesa

★ Petit Palais (**E** E4)
→ *Av. Winston-Churchill (8ᵉ) Tel 01 53 43 40 00*
Ter-dom 10h-18h (20h qui)
Construído "em honra da arte francesa" para a Exposição Universal de 1900, esse edifício elegante, Museu de Belas-Artes da cidade de Paris, acolhe importantes mostras temporárias. Oficinas vinculadas às mostras e de iniciação à gravura e à aquarela para crianças de 5 a 11 anos.
❓ ***Quantos são os saltimbancos do quadro de Fernand Pélez (1888)?*** *11*

★ Grand Palais (**E** E4)
→ *Av. Winston-Churchill (8ᵉ) Tel 01 44 13 17 30*
Exposições *Qua-seg 10h-20h (22h qua)*
Outra construção da Exposição Universal de 1900, com um sublime teto envidraçado. Não perca, na primavera, a *Monumenta*, instalação monumental na imensa nave assinada por um artista contemporâneo. Há também importantes retrospectivas. Na ala de trás, o Palácio da Descoberta permite que os pequenos participem de experiências científi-

PLACE DE LA CONCORDE

PARC MONCEAU

JARDIN D'ACCLIMATATION

cas. ❓ *Que célebre político tem sua estátua junto à entrada do Grand Palais?* *Charles de Gaulle*

★ Musée Jacquemart-André (**E** E3)
→ 158, blvd Haussmann (8ᵉ) Tel 01 45 62 11 59 Diariam 10h-18h (20h30 seg e sáb para as exposições temporárias)
Nos cômodos de sua residência em estilo Segundo Império, a coleção do casal Nélie Jacquemart e Édouard André é admirável: mestres holandeses do séc. XVII na biblioteca, escola francesa do XVIII nos salões, pintura inglesa na sala de fumar etc. ❓ ***Onde os Jacquemart-André encontraram o afresco de Giambattista Tiepolo que decora a escadaria?*** ***Na Villa Contarini, na região de Veneza, em 1893***

★ Musée Cernuschi (**E** E2)
→ 7, av. Vélasquez (8ᵉ) Tel 01 53 96 21 50 Ter-dom 10h-18h
Em suas viagens pela Ásia, o financista Henri Cernuschi (1821-1896) adquiriu mais de 5 mil objetos artísticos: bronzes antigos, estatuetas funerárias dos sécs. X-XI, pinturas em seda, cerâmicas etc. O destaque é um *Buda Amida* japonês (séc. XVIII) de 4,40m de altura. Demonstração de caligrafia no último sábado do mês. ❓ ***O que falta no cavalo de terracota que fica na entrada do museu?*** ***A cauda!***

Para relaxar

★ Place de la Concorde (**E** F4)
Concebida por Luís XV em 1754, essa praça é rodeada de fachadas em apenas um lado, para respeitar a vista do Eixo Triunfal: a leste, as Tuileries e o Louvre; a oeste, a deslumbrante Champs-Élysées. No centro se impõe o obelisco de Luxor, presente dado pelo Egito em 1831 à França, pátria de Champollion, tradutor de hieróglifos. No nível inferior, duas fontes celebram os mares e os rios. Examine-as de perto com as crianças, pois são muito divertidas. ❓ ***Quais são os edifícios neoclássicos simétricos em ambos os lados do Sena?*** ***A Assembleia Nacional e a Igreja da Madalena***

★ Parc Monceau (**E** E2)
→ Mai-ago: diariam 7h-22h (21h set; out-abr: diariam 7h-20h)
No coração dos confluentes 8º e 17º distritos, esse parque do séc. XVIII foi repaginado em estilo inglês no séc. XIX, ganhando estátuas e ruínas antigas e um lago com carpas. Também tem carrossel, pista de patinação e área de jogos. ❓ ***Entre o antigo plátano-do-oriente (1814) e o falso-plátano (1853), qual tem o tronco maior?*** ***O primeiro, 7m de diâmetro; mas o segundo é mais alto***

Para brincar

★ Cirque Romanès (**E** C1)
→ 42, blvd de Reims (17ᵉ) Tel 01 40 09 24 20 www.cirqueromanes.com
Entre os Romanès, o circo é um assunto de família. A mãe cuida da recepção, os filhos apresentam os números e o pai fica de sobreaviso. Música cigana arrebatadora, alegria e festa tornam esse lugar único. Aconselhável reservar.

★ Atelier des Chefs (**E** E3)
→ 10, rue de Penthièvre (8ᵉ) Tel 01 53 30 05 82 www.atelierdeschefs.fr Seg-sáb 9h-19h Reserve
Um curso Graine de Chef para os maluquinhos entre 6 e 12 anos, e outro para pais e filhos cozinharem juntos. Passe 1h30 aprendendo e se deliciando. Vários endereços.

★ Bois de Boulogne (**E** A3)
→ Mº Porte Maillot, Les Sablons, Porte Dauphine
Projetado por Alphand no séc. XIX, o bosque atrai uma multidão de parisienses à procura de um pedacinho de floresta. Atividade é o que não falta: andar de bicicleta, passear de barco no lago, admirar as flores do Parc de Bagatelle e apostar num cavalo no hipódromo de Lonchamp.

★ Jardin d'Acclimatation (**E** A2)
→ Métro Porte Maillot, Les Sablons Tel 01 40 67 90 85 Diariam 10h-19h (18h out-mar) www.jardindacclimatation.fr
Precursor dos parques de diversão, esse é o jardim de Paris para toda a família: carrosséis, salas de espelhos deformantes, fazenda, espetáculos de marionetes, diversões aquáticas, mesas de piquenique e restaurantes. O Rio Encantado e as Aventuras na Floresta, para maiores de 6 anos, são imperdíveis.

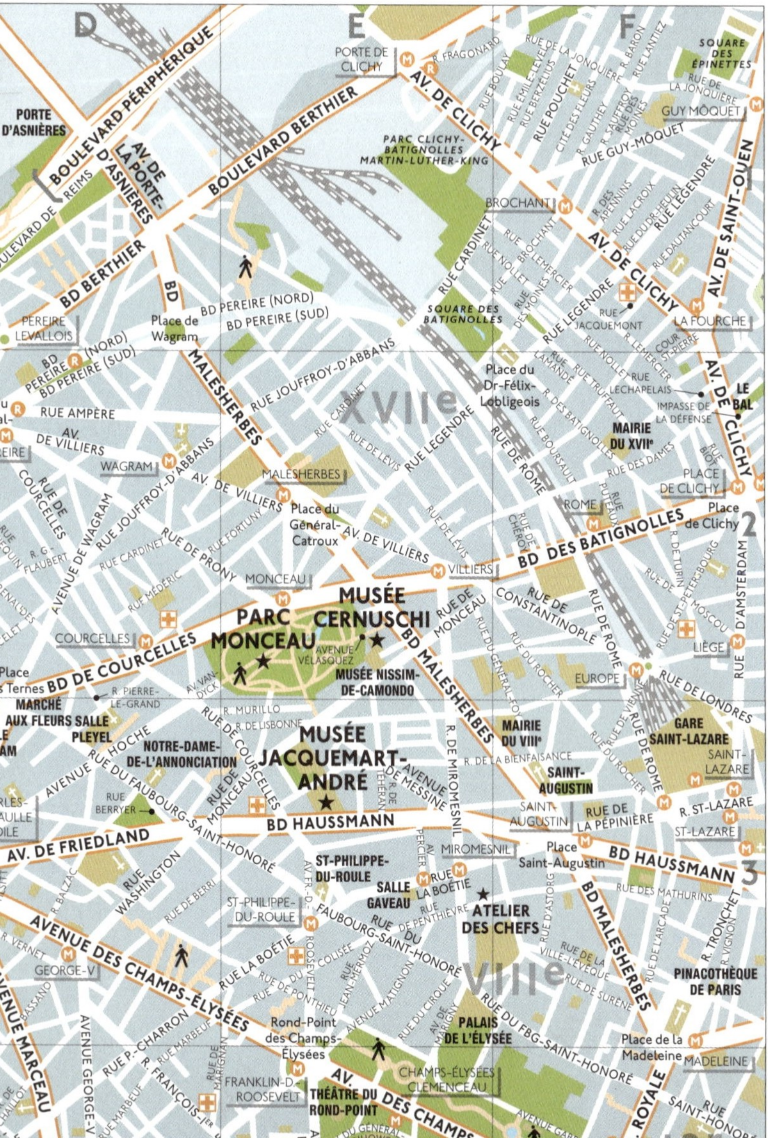
D
E
F
1
2
3
PORTE D'ASNIÈRES
BOULEVARD PÉRIPHÉRIQUE
AV. DE LA PORTE-D'ASNIÈRES
BOULEVARD BERTHIER
BD BERTHIER
PORTE DE CLICHY
AV. DE CLICHY
PARC CLICHY-BATIGNOLLES MARTIN-LUTHER-KING
RUE POUCHET
CITÉ DES FLEURS
RUE GUY-MÔQUET
GUY MÔQUET
SQUARE DES ÉPINETTES
AV. DE SAINT-OUEN
BROCHANT
RUE CARDINET
RUE LEGENDRE
SQUARE DES BATIGNOLLES
LA FOURCHE
BD PEREIRE (NORD)
BD PEREIRE (SUD)
Place de Wagram
PEREIRE LEVALLOIS
BD MALESHERBES
RUE JOUFFROY-D'ABBANS
XVIIe
Place du Dr-Félix-Lobligeois
MAIRIE DU XVIIe
LE BAL
PLACE DE CLICHY
Place de Clichy
RUE AMPÈRE
AV. DE VILLIERS
WAGRAM
MALESHERBES
Place du Général-Catroux
RUE DE ROME
ROME
BD DES BATIGNOLLES
VILLIERS
MONCEAU
RUE DE PRONY
AVENUE DE WAGRAM
RUE DE COURCELLES
COURCELLES
PARC MONCEAU
MUSÉE CERNUSCHI
MUSÉE NISSIM-DE-CAMONDO
RUE DE CONSTANTINOPLE
EUROPE
LIÈGE
RUE D'AMSTERDAM
RUE DE LONDRES
GARE SAINT-LAZARE
SAINT-LAZARE
BD DE COURCELLES
Place des Ternes
MARCHÉ AUX FLEURS
SALLE PLEYEL
NOTRE-DAME-DE-L'ANNONCIATION
MUSÉE JACQUEMART-ANDRÉ
MAIRIE DU VIIIe
SAINT-AUGUSTIN
R. DE MIROMESNIL
RUE DE LA PÉPINIÈRE
R. ST-LAZARE
ST-LAZARE
AV. DE FRIEDLAND
BD HAUSSMANN
RUE DU FAUBOURG-SAINT-HONORÉ
MIROMESNIL
Place Saint-Augustin
ST-PHILIPPE-DU-ROULE
SALLE GAVEAU
ATELIER DES CHEFS
RUE WASHINGTON
AVENUE DES CHAMPS-ÉLYSÉES
GEORGE-V
RUE LA BOÉTIE
VIIIe
PINACOTHÈQUE DE PARIS
R. TRONCHET
Rond-Point des Champs-Élysées
PALAIS DE L'ÉLYSÉE
RUE DU FBG-SAINT-HONORÉ
Place de la Madeleine
MADELEINE
AVENUE MARCEAU
AVENUE GEORGE-V
RUE P.-CHARRON
R. FRANÇOIS-Ier
FRANKLIN-D.-ROOSEVELT
THÉÂTRE DU ROND-POINT
CHAMPS-ÉLYSÉES CLEMENCEAU
AV. DES CHAMPS
RUE ROYALE

▼ Mapa D

▼ Mapa D

asteleria Belém (**E** F2)
47, rue Boursault (17e) Tel 01 45 22 38 95 Ter-dom 8h-20h
a confeitaria típica de Lisboa, extremamente simples e de-
ada com azulejos. Escolha uma das cinco mesas para pro-
pastéis de nata e pequenos flãs polvilhados de canela.

Pâtisserie des Rêves (**E** D2)
9, rue Poncelet (17e) Tel 01 42 67 71 79 Ter-sex 10h-19h30,
-dom 9h-19h30 (18h dom)
a de creme de laranja, Saint-Honoré triangular, bolo bico-
Philippe Conticini revisita clássicos dos bolos e doces.

Maison du Chocolat (**E** D2)
25, rue du Faubourg-Saint-Honoré (8e) Tel 01 42 27 39 44
sáb 10h-19h30, dom 10h-13h
lebre endereço do famoso fabricante de chocolate pari-
se. Ganaches e pralinês que derretem na boca, sem
ar os outros doces.

Para comprar

rché bio des Batignolles (**E** F2)
vd des Batignolles Sáb 9h-14h
mercado 100% orgânico, onde há frutas, legumes e quei-
ove um steak tartare de alga ou beba um suco de broto
go. Bem caro, em razão da qualidade.

nch Touche (**E** F1)
ue Jacquemont (17e) Tel 01 42 63 31 36
x 13h-20h, sáb 11h-20h
ia de objetos "tocantes", o local é uma despretensiosa
onceito. Para todos os bolsos.

1, 2, 3 CISEAUX

1, 2, 3 Ciseaux (**E** E2)
→ *10, blvd de Courcelles (17e) Tel 01 42 12 03 60*
Ter-sáb 10h-19h (9h30 qua, sáb)
Nesse salão de beleza voltado para crianças a partir de 3 meses, elas são o centro das atenções, mas os pais também são bem-vindos. Corte €20-27.

Drugstore Publicis (**E** D3)
→ *133, av. des Champs-Élysées (8e) Tel 01 44 43 77 64*
Seg-sex 8h-2h, sáb-dom 10h-2h
Esse complexo na Champs-Élysées tem de tudo: publicações internacionais, lojas, farmácia 24h, restaurantes, cinemas – e turistas do mundo todo.

LA MAISON DU CHOCOLAT

FRENCH TOUCHE

Para se deliciar

Rosa Bonheur sur Seine (**F** F1)
→ *Port des Invalides (7e) Sem telefone Diariam 11h-24h*
Nessa magnífica barcaça atracada nos cais do Sena, paira um clima de café dançante o ano inteiro. Tapas e pizzas napolitanas assadas em forno a lenha. Alegre! Tapa €4-7.

Coutume Café (**F** F2)
→ *47, rue de Babylone (7e) Tel 01 45 51 50 47*
Seg-sex 8h-19h, sáb-dom 10h-19h
O cheiro de café atravessa as portas-janelas desse belo lugar, onde se redescobre a bebida preparada com grãos trazidos do mundo inteiro para alimentar a enorme torrefadora nos fundos. Pães doces, saladas inspiradas e pratos do dia frios temperados à perfeição. Bolos gostosos. Menu fixo €13-14.

Café du Musée Rodin (**F** F2)
→ *77, rue de Varenne (7e) Tel 01 45 55 84 39 Ter-dom 10h-17h*
Sopas, saladas e sanduíches frios. A comida leve do café do Museu Rodin combina com o ambiente bucólico, um maravilhoso jardim de esculturas. Lotado na hora do almoço: é melhor chegar antes ou depois. Menu fixo €11,50; prato €14,50.

Tokyo Eat (**F** D1)
→ *13, av. du Pdt-Wilson (16e) Tel 01 47 20 00 29 Qua-seg 12h-2h*
Os terraços que se estendem na esplanada em frente ao Sena fazem do Palácio de Tokyo um local invejável para relaxar e petiscar, enquanto se assiste ao desfile de tudo aquilo que Paris tem de mais *hype*. Na imensa sala do Tokyo Eat, abajures curiosos que parecem discos voadores e cadeiras com o estilo dos anos 1970. Carta euro-asiática: menu infantil €12; prato €16-28.

Bellota-Bellota (**F** E1)
→ *18, rue Jean-Nicot (7e) Tel 01 53 59 96 96*
Ter-qui 11h-22h30, sáb-dom 11h-23h
Nessa mercearia-cave espanhola, onde magníficos presunt espanhóis ficam pendurados, há bocadillos apetitosos, "entradas-pratos" suculentas, gaspacho e uma pluma (filé de porco) que derrete na boca. Sanduíche €10-21; prato €25.

Le Chalet des Îles (**F** A1)
→ *Lago inferior do bois de Boulogne (16e) Tel 01 42 88 04 69*
Mar-out: diariam 12h-14h30, 19h30-22h30 / nov-fev: qua-sáb 12h-14h30, 19h30-22h30; dom 12h-14h30
Esse grande chalé, presente de Napoleão a Eugénie, escon-se numa ilha acessível por barco no coração do bois de Bologne. Cozinha com toques asiáticos, brunch nos fins de semana e passeios de barco. Menu infantil €15; prato €25-32

La Plage Parisienne (**F** C2)
→ *Port de Javel (15e) Tel 01 40 59 41 00 Diariam 12h-14h30, 19h-23h (fechado sáb café da manhã out-abr)*
Espreguiçadeiras confortáveis na praia, terraço elegante e cozinha sofisticada permitem passar momentos aconchegantes apreciando uma vista excepcional. Menu do almoço €24-29; prato €25-34.

Les Délices d'Orient (**F** C3)
→ *52, av. Émile-Zola (15e) Tel 01 45 79 10 00 Ter-dom 8h30-20h*
Fabulosa caverna de Ali Babá, essa mercearia também oferece pratos libaneses para viagem: falafel, fatayer de espinaf esfirra aberta de tomilho e queijo, tabule, homus e, para fechar com algo doce, baklava e namura (bolo de semolina água de flores). Para fazer um piquenique nos cais do Sen no Parque André-Citroën.

TOKYO EAT

SADAHARU AOKI

LE CHALET DES ÎLES

A
B
C
1
2
3
BOIS DE BOULOGNE
PRÉ-CATELAN
LAC INFÉRIEUR
LAC SUPÉRIEUR
RACING CLUB DE FRANCE
HIPPODROME D'AUTEUIL
AV. DE L'HIPPODROME
PORTE DE LA MUETTE
PORTE DE PASSY
MUSÉE MARMOTTAN-MONET
JARDINS DU RANELAGH
BD LANNES
BD SUCHET
BOULEVARD SUCHET
BD. DE MONTMORENCY
AVENUE HENRI MARTIN
AV. HENRI-MARTIN
AVENUE V.-HUGO
RUE DE LA FAISANDERIE
RUE DE LA POMPE
MAIRIE DU XVIe
AVENUE G.-MANDEL
Place de Mexico
R. DES BELLES-FEUILLES
Place du Trocadéro-et-du-11-Novembre
XVIe
AV. PAUL-DOUMER
CHAUSSÉE DE LA MUETTE
Carrefour de la Muette
R. LOUIS-BOILLY
AV. INGRES
R. VITAL
RUE DE PASSY
LA MUETTE
RUE GAVARNI
R. DE LA TOUR
RUE NICOLO
RUE CORTAMBERT
BOULEVARD ÉMILE-AUGIER
RUE DE LA TOUR
BOULEVARD DE BEAUSÉJOUR
R. DE BOULAINVILLIERS
BOULAINVILLIERS
NOTRE-DAME-DE-GRÂCE-DE-PASSY
AVENUE FRÉMIET
RANELAGH
RUE DU RANELAGH
RUE DE L'ASSOMPTION
RUE DES VIGNES
MAISON DE BALZAC
RUE RAYNOUARD
RUE BERTON
RUE MALLET-STEVENS
RUE DU DR-BLANCHE
RUE DE L'YVETTE
AVENUE MOZART
JASMIN
AVENUE DU PDT KENNEDY
MAISON DE RADIO FRANCE
AV. DU PRÉSIDENT-KENNEDY
ALLÉE DES CYGNES
FONDATION LE CORBUSIER
RUE H.-HEINE
RUE RAFFET
RUE DE LA SOURCE
RUE LA FONTAINE
RUE GROS
RUE AGAR
RUE GEORGE-SAND
AV. THÉOPHILE-GAUTIER
AV. DE VERSAILLES
PONT DE GRENELLE
Q. DE GRENELLE
TOUR TOTEM
TOUR CRISTAL
PORT DE JAVEL
AVENUE DE LA PORTE-D'AUTEUIL
PORTE D'AUTEUIL
R. POUSSIN
ÉGLISE D'AUTEUIL
RUE D'AUTEUIL
MIRABEAU
SQUARE DES POÈTES
MICHEL-ANGE AUTEUIL
RUE CHANEZ
RUE MIRABEAU
PARC SAINTE-PÉRINE
QUAI LOUIS-BLÉRIOT
PONT MIRABEAU
CITROËN
AVENUE ÉMILE-ZOLA
JAVEL ANDRÉ-CITROËN
R. DE JAVEL
IMPRIMERIE NATIONALE
BD D'AUTEUIL
RUE MOLITOR
STADE JEAN-BOUIN
PORTE MOLITOR
MICHEL-ANGE MOLITOR
BOULEVARD MURAT
RUE BOILEAU
VILLA MOLITOR
R. CHARDON-LAGACHE
CHARDON LAGACHE
HÔPITAL SAINTE-PÉRINE
QUAI ANDRÉ-CITROËN
RUE BALARD
R. DE LA CONVENTION
SQ. DES CÉVENNES
RUE DES CÉVENNES
CAMPUS BOUCICAUT
AV. DU GÉN.-SARRAIL
EXELMANS
BD EXELMANS
SENA
CIMETIÈRE DE GRENELLE
PARC DES PRINCES
R. MICHEL-ANGE
R. C.-LORRAIN
CIMETIÈRE D'AUTEUIL
AVENUE DE VERSAILLES
PARC ANDRÉ-CITROËN
RUE SAINT-CHARLES
AVENUE FÉLIX-FAURE
PORTE SAINT-CLOUD
PORTE DE SAINT-CLOUD
RTE DE LA REINE
Place de la Porte-de-Saint-Cloud
SAINT-EXUPÉRY
PONT DU GARIGLIANO
BOULEVARD VICTOR
LOURMEL
PONT DE GARIGLIANO
BD DU GÉN. MARTIAL-VALIN
RUE LEBLANC
RUE DE LOURMEL

Invalides / Torre Eiffel / Trocadéro

Embora sua silhueta seja visível de todos os cantos de Paris, quem se aproxima da Torre Eiffel – a "Dama de Ferro", símbolo da capital – sente um misto de vertigem e arrebatamento. Do alto dela tem-se uma visão completa da cidade, do Sena até as colinas, espaço pontilhado de monumentos, cuja identificação pode ser divertida. Bem próximo se situa a cintilante cúpula dourada dos Invalides. Em frente, o Trocadéro fecha o alinhamento iniciado na Escola Militar e no Campo de Marte. Um de cada lado do Sena, os museus Guimet e Branly levam a terras distantes, enquanto os parques a sudoeste são um convite ao devaneio.

ÉGOUTS DE PARIS

TORRE EIFFEL

Para visitar

★ Invalides (**F** F2)
→ *Tel 01 44 42 37 72 Abr-out: seg, qua-sáb 10h-18h; ter 10h-21h (exceto out) / nov-mar: seg-sáb 10h-17h*
Construído no reinado de Luís XIV, o hotel servia de hospital para os soldados do rei. Não deixe de visitar o túmulo de Napoleão I, o Museu do Exército (armaduras e uniformes) e o Museu dos Altos-Relevos (por causa das maquetes). ***?** À direita da fachada dos Invalides encontra-se Minerva. Quem é possível identificar em seu escudo?* A Medusa

★ Égouts de Paris (**F** E1)
→ *Em frente ao 93, quai d'Orsay (7e) Tel 01 53 68 27 81 Out-abr: sáb-qua 11h-17h; mai-set: sáb-qua 11h-18h*
Mergulhe nas entranhas de Paris e conheça a rede de esgotos, que hoje conta com 2.500km. É bom levar um casaco leve. ***?** De que engenheiro é o busto que se vê no início da visita?* Eugène Belgrand

★ Musée du Quai-Branly (**F** D1)
→ *37, quai Branly (7e) Tel 01 56 61 70 00 Ter-dom 11h-19h (21h qui-sáb)*
Esse edifício-ponte de Jean Nouvel, em meio a um jardim luxuriante, abriga 3.500 objetos de arte primitiva e de civilizações da África, América, Ásia e Oceania num espaço sem divisórias. Oficinas manuais nas férias e no jardim durante o verão. ***?** Para que servia a máscara de lobo do Sri Lanka?* *Para curar aqueles que tinham medo de animais da selva*

★ Torre Eiffel (**F** D1)
→ *Tel 01 44 11 23 23 Meados jun-ago: diariam 9h-0h45; set-meados jun: diariam 9h30-23h45 Reserve para evitar filas*
Erigida para a Exposição Universal de 1889, a torre continua sendo a construção mais alta de Paris, com 324m. Do último andar, a vista alcança 67km. ***?** Quantos degraus existem até o segundo andar?* 704

★ Trocadéro (**F** D1)
Na esplanada do Trocadéro se localiza o Palácio de Chaillot (1937), que domina o Sena e abriga, em suas duas alas, o Museu do Homem, o da Marinha e a Cidade da Arquitetura

S DE TOKYO

MUSÉE GUIMET

PARC ANDRÉ-CITROËN

e do Patrimônio. No verão, ao pé da esplanada, as fontes se transformam em piscinas improvisadas.

Cité de l'Architecture et du Patrimoine

→ *Tel 01 58 51 52 00 Qua-seg 11h-19h (21h qui)*

No nível 0, uma galeria espetacular exibe moldes de portais de igreja e edifícios públicos do período romano ao séc. XVIII. No nível 2, maquetes de arquitetura moderna e contemporânea. Oficinas de construção e livros-brinquedos. ❓ ***Onde se encontra o original do Anjo sorridente?*** *No portal da Catedral de Reims, na região da Champagne*

★ Palais de Tokyo / Musée d'Art Moderne de la Ville de Paris (F D1)

→ *11-13, av. du Président-Wilson (16ᵉ)* ***Palais de Tokyo*** *Tel 01 81 97 35 88 Qua-seg 12h-24h* ***Musée d'Art Moderne*** *Tel 01 53 67 40 00 Ter-dom 10h-18h (às vezes 22h qui)*

Na ala oeste desse edifício de 1937 existe um espaço de criação experimental e multidisciplinar. Na ala leste fica o Museu de Arte Moderna da Cidade de Paris, com sua rica coleção de mestres do séc. XX: Matisse, Léger, Picasso e Braque, entre outros. Roteiro sensorial para as crianças. ❓ ***Que monumentos egípcios é possível identificar em*** A fada eletricidade, ***de Dufy?*** *O Obelisco e as Pirâmides*

★ Musée Guimet (F D1)

→ *6, pl. d'Iéna (16ᵉ) Tel 01 56 52 53 00 Qua-seg 10h-17h45*

Obras da Índia ao Japão, passando pelo Sudeste Asiático, e a mais rica coleção de arte khmer fora do Camboja rendem à instituição o posto de museu nacional de arte asiática. Livros-brinquedos, ioga em família, origami, cerâmica. Um museu extremamente acolhedor. ❓ ***Quantos braços tem o bodisatva indonésio Avalokiteshvara?*** *10!*

Para relaxar

★ Musée Rodin (F F2)

→ *79, rue de Varenne (7ᵉ) Tel 01 44 18 61 10 Ter-dom 10h-17h45 (21h qua)*

Só o jardim à sombra das tílias já vale a visita. No hotel do séc. XVIII, onde Auguste Rodin (1840-1917) morou, cerca de 500 esculturas e 8 mil desenhos e gravuras são expostos em sistema de rodízio. ❓ ***Além do colossal*** O pensador ***do jardim, não muito distante dali existe outro, menor. Onde ele fica?*** *No* Porta do Inferno

★ Parc André-Citroën (F C3)

→ *Seg-sex 8h-pôr do sol, sáb-dom 9h-pôr do sol*
Balão *Tel 01 44 26 20 00 (depende do tempo)*

Um parque de 14ha (1992), com brincadeiras aquáticas, estufas e jardins temáticos, além de um passeio de balão que alcança 150m de altura. ❓ ***Para que serve o balão do parque?*** *Ele avalia a qualidade do ar em Paris*

★ Parc Georges-Brassens (F E4)

→ *2, place Jacques-Marette (15ᵉ) Tel 01 55 76 75 15 Seg-sex 8h-pôr do sol, sáb-dom 9h-pôr do sol*

Esse parque desconhecido reserva belas surpresas: um teatro de marionetes conduzido por um aficionado, rochedos para escalar, um vinhedo e colmeias. ❓ ***Na entrada, duas estátuas evocam a origem do parque, outrora um matadouro. O que elas representam?*** *Dois touros*

Para brincar

★ Bateaux-Mouches (F E1)

→ *Port de la Conférence, pont de l'Alma (8ᵉ) Tel 01 42 25 96 10 Nov-mar: diariam 10h15-22h30; abr-out: diariam 11h-21h20 A cada 20min*

Os célebres barcos para descobrir Paris pelo Sena.

★ Aquarium de Paris (F D1)

→ *5, av. Albert-de-Mun (16ᵉ) Tel 01 40 69 23 23 Diariam 10h-19h*

Debaixo do Trocadéro, o aquário da Exposição Universal foi restaurado de acordo com os padrões da época em 2006. Você pode acariciar as carpas e alimentar os tubarões. Espetáculos e oficinas lúdicas.

★ Aquaboulevard (F C4)

→ *4-6, rue Louis-Armand (15ᵉ) Tel 01 40 60 10 00 Seg-qui 9h-23h, sex 9h-24h, sáb 8h-24h, dom 8h-23h*

Onze tobogãs, piscina com ondas, hidromassagem etc. No verão, gramados, praias de areia e um monte de gente.

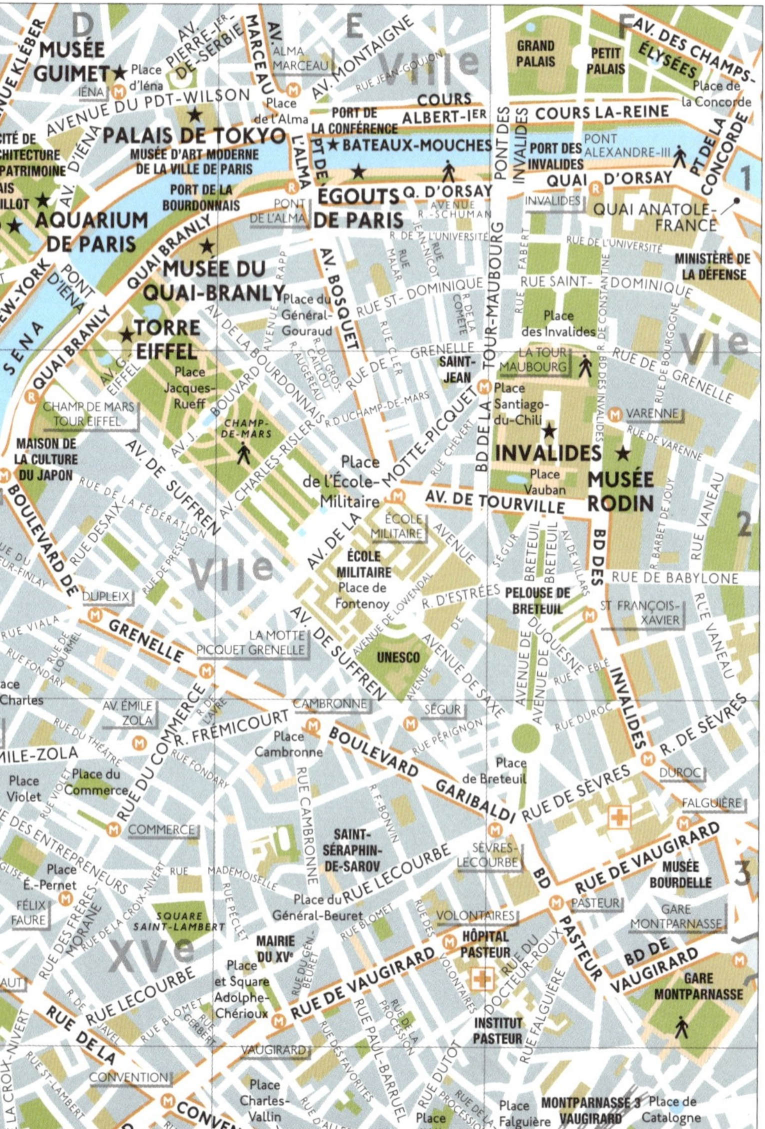

▶ Mapa C/E

▶ Mapa G

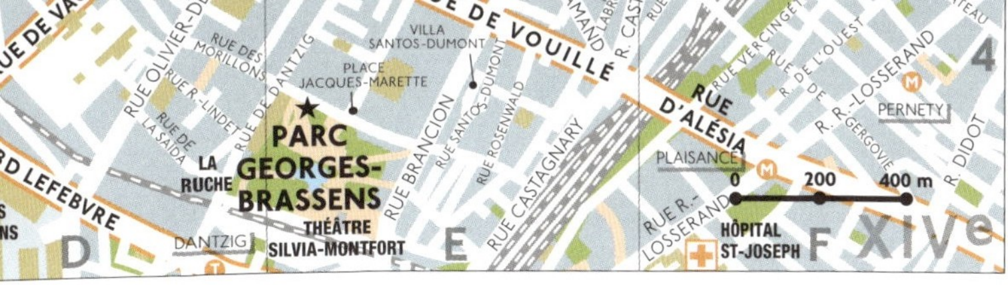

gerie Quatrehomme (**F** F3)
de Sèvres (7e) Tel 01 47 34 33 45 Ter-sáb 9h-19h45
al para aprofundar o conhecimento das crianças
ia de queijo. Guiado pela proprietária, Marie Qua-
e, que recebeu o título de Melhor Artesã da França,
car com água na boca diante dos queijos de pasta
is, com bolor branco e frescos. Uma das mais belas
s da capital.

aru Aoki (**F** E3)
Pérignon (15e) Tel 01 43 06 02 71 Seg-sáb 11h-19h
cos da confeitaria francesa (mil-folhas, bomba, ópe-
on) reinterpretados à moda japonesa: com gergelim,
ão-azuqui e chá-matcha. Sublime!

ara comprar

nd Babe (**F** D3)
e des Entrepreneurs (15e) Tel 01 45 75 80 53
0h-19h
cas brincam enquanto os pais cuidam do visual. Trata-
de beleza e cabeleireiro para toda a família.

ini (**F** D3)
e Gerbert (15e) Tel 01 73 70 62 31 Ter-sáb 10h30-19h
de objetos de decoração e de brinquedos bem ideali-
bem projetados. Oficinas e um café para lanchar.

repôt (**F** C1)
e de Passy (16e) Tel 01 45 25 64 17 Seg-sáb 10h30-19h
brinquedos e utensílios de cozinha e mesa em um
armazém com vigas metálicas. Nada convencional!

L'ENTREPÔT

Chocolat Show (**F** C1)
→ 7, rue Nicolo (16e) Tel 01 45 20 34 10 Seg-sáb 10h-13h, 14h-19h
Vestidos de princesa e fantasias refinadas numa loja que organiza festas infantis personalizadas. Decoração, brinquedos e presentinhos. Tudo muito elegante.

Axelle et Basile (**F** B2)
→ 58, av. Théophile-Gautier (16e) Tel 01 45 25 45 55
Ter-sáb 10h30-1h
Estampas coloridas e produção de origem bretã são utilizadas na criação de babadores com elástico, nécessaires, pijamas e, sobretudo, elásticos de cabelo em tecido, tiaras e fitas de cabelo originais.

MOMBINI

AXELLE ET BASILE

Gilles Vérot (**G** B2)
→ *3, rue Notre-Dame-des-Champs (6e) Tel 01 45 48 83 32*
Ter-sáb 9h30-19h30
O charcuteiro Gilles Vérot acumula troféus, inclusive os de campeão francês da terrina de porco e de vice-campeão mundial do paté en croûte. Tudo é gostoso, dos embutidos aos pratos para viagem, entre eles o presunto com osso e as terrinas.

Des Gâteaux et du Pain (**G** A3)
→ *63, blvd Pasteur (15e) Tel 01 45 38 94 16*
Qua-seg 9h-20h, dom 9h-18h
Uma confeitaria que parece um porta-joias de bolos maravilhosos e pães especiais. Claire Damon é uma artista antenada com seu tempo, e David Granger é o responsável pelo fermento – e pelos pães fantásticos.

Para comprar

Simon Coiffeur de Famille (**G** C2)
→ *16, rue Vavin (6e) Tel 01 53 10 08 12 Seg-sáb 10h-19h*
A fachada vermelha virou um ponto de referência no bairro. Os cabelos de toda a família podem passar pelas tesouras de Simon. Corte €14-60, conforme a idade: €38 o do papai; €55-60 o da mamãe.

Maman Pique et Papa Coud (**G** B2)
→ *39, rue Saint-Placide (6e) Tel 01 45 44 82 12*
Seg 13h30-19h, ter-sáb 10h-19h
Acessórios de tecido ou tecido plastificado, com estampas coloridas e floridas. Bolsas, chapéus, fitas para o cabelo e nécessaires, entre outros.

Serendipity (**G** B2)
→ *81, rue du Cherche-Midi (6e) Tel 01 40 46 01 15 Ter-sáb 11h-19h*
Numa antiga garagem, uma loja-conceito cujo tema é o universo infantil. Sonho de decoração e design: rolos gigantes de papel para colorir, estrelas fluorescentes e guirlandas luminosas.

Chercheminippes (**G** B2)
→ *102, rue du Cherche-Midi (6e) Tel 01 45 44 97 96 Seg-sáb 11h-19h*
Seis brechós chiques no coração de uma rua elegante: mulheres, nos 102 e 104; objetos de decoração, nº 109; crianças, nº 110; homens, nº 111; acessórios, nº 124.

Puzzles Michèle Wilson (**G** B4)
→ *116, rue du Château (14e) Tel 01 43 22 28 73*
Ter-sáb 10h30-13h, 14h-19h
Quebra-cabeças de madeira entalhados à mão reproduzem obras de arte e ilustrações. De 12 a 100 peças (€23-33) e, para os maiores, de 80 a 1.000 peças (€31-225).

L'Atelier de Gepetto (**G** A4)
→ *69, rue Raymond-Losserand (14e) Tel 01 43 20 92 97*
Ter-sáb 10h30-13h30, 15h-19h15
Parada obrigatória no bairro, essa loja oferece brinquedos para pessoas de 0 a 99 anos: pelúcia, jogos de salão e de cartas e tudo para dança. Todas as marcas importantes.

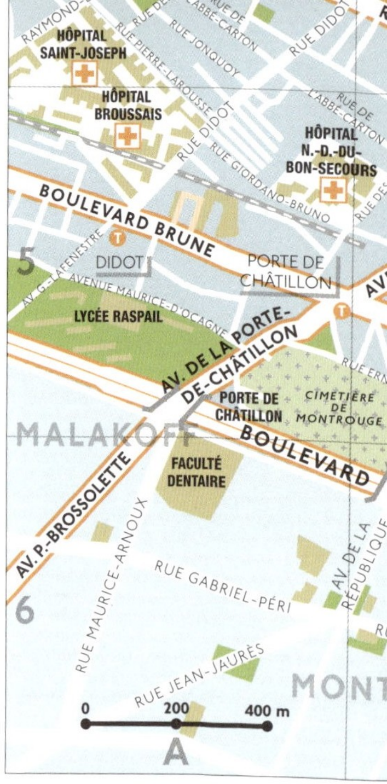

DAT VIET

LA GR

Para se deliciar

Ti Jos (G B3)
→ *30, rue Delambre (14e) Tel 01 43 22 57 69 Seg, qua-sex 12h-14h30, 19h-23h30; ter 12h-14h30; sáb-dom 19h-23h30*
Uma das boas creperias do lado bretão de Montparnasse, inaugurada em 1937 e mobiliada com peças de carvalho maciço. Pub com música celta ao vivo no subsolo, para tomar um poiré ou uma Breizh-cola. Galette €5-10.

Dat Viet (G B4)
→ *23, rue Liancourt (14e) Tel 01 43 22 39 39*
Seg-sáb 12h-14h30, 19h-22h30
Nem, bobun, pho: cozinha vietnamita familiar, sem glutamato, saudável e tradicional. Sala agradável no subsolo. Menu almoço €10,50; prato €9.

Mamie Gâteaux (G B2)
→ *66, rue du Cherche-Midi (6e) Tel 01 42 22 32 15 Ter-sáb 11h30-18h*
Em um ambiente nostálgico de cozinhas de antigamente, com louça desparelhada e copos de cantina, os pratos só podiam ser tradicionais: sopas, saladas, tortas salgadas e sobremesas caseiras renomadas. Espaço de venda de objetos usados. Lanches €4-5; prato €10-15.

Les Pipelettes (G B4)
→ *29-31, rue Brézin (14e) Tel 09 81 29 27 32*
Ter-sex 8h-19h, sáb 11h-19h Reserve para o brunch de sáb
Em frente a uma praça, esse misto de café e mercearia fina construiu bela reputação no bairro. Para um café nos dias de feira, um almoço apetitoso ou um chá. Menu fixo €14-19.

La Cantine du Troquet (G A4)
→ *101, rue de l'Ouest (14e) Tel 01 45 40 04 98*
Ter-sáb 11h45-14h15, 19h-22h45
É preciso chegar cedo à cantina basca de Christian Etchebest, frequentada pela juventude descolada, pois não se aceitam reservas. Aprecie os ovos mayo ou os excelentes embutidos, e também os camarões à la plancha, as orelhas de porco grelhadas, o arroz-doce e outros pratos gostosos de antigamente e de bistrô. Prato €15-19.

La Grande Épicerie de Paris (G B1)
→ *38, rue de Sèvres (7e) Tel 01 44 39 81 00 Seg-sáb 8h30-21h*
A mais fina das mercearias, vitrine das delícias do mundo inteiro. Seções espetaculares de água mineral e massas italianas, e todo tipo de coisa boa para um piquenique no jardim secreto Catherine-Labouré, bem próximo. Outra opção é se acomodar no restaurante do primeiro andar, com um belo teto envidraçado e decorado com árvores. Menu infantil €12; prato €17-23.

La Closerie des Lilas (G C3)
→ *171, blvd du Montparnasse (6e) Tel 01 40 51 34 50 Diariam 11h-1h30*
Conheça uma lendária cervejaria parisiense, fundada em 1847. Nas mesas gastas pelo tempo, podem-se ver as plaquinhas com nomes de grandes escritores. Para tomar um aperitivo ou comer uma sobremesa

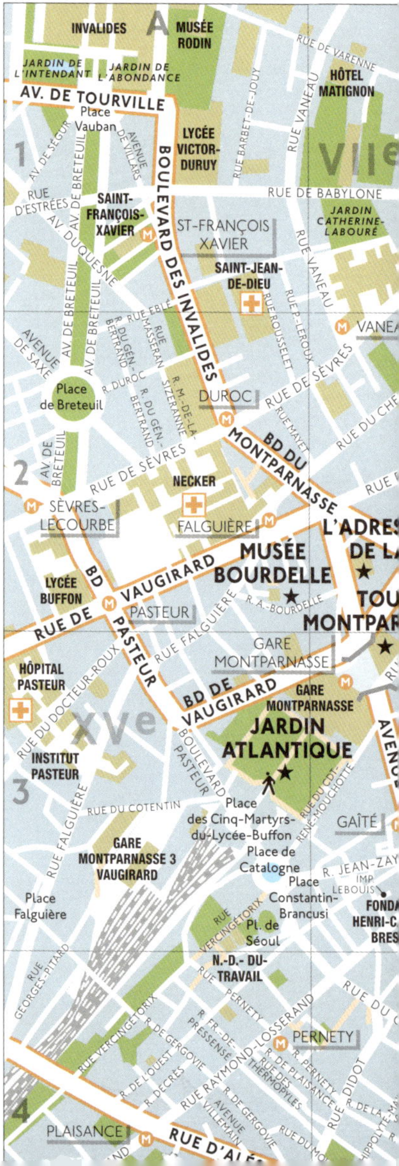

Faubourg Saint-Germain / Montparnasse G

Deixando o Sena para trás, você vai descobrir, na margem esquerda, uma Paris livre dos hábitos luxuosos, mas que mantém a elegância com seus cafés e cervejarias art déco. Um elevador ultrarrápido leva ao topo da Torre Montparnasse, de onde se pode usufruir a vista mais bela da capital, enquanto lá embaixo se estendem os gramados do Jardim Atlântico, cobrindo a estação ferroviária. A dois passos dali, o mais bonito museu-ateliê já visto, dentro da casa do escultor Bourdelle. Ao sul, o 14º distrito, residencial, alcança o encantador Parque Montsouris.

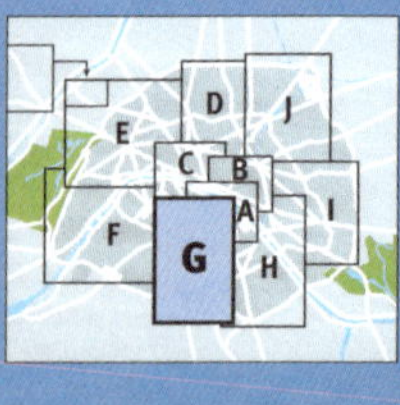

FONDATION CARTIER

CATACOMBES

Para visitar

★ Musée Maillol (**G** B1)
→ 61, rue de Grenelle (7e) Tel 01 42 22 59 58
Diariam 10h30-19h (21h30 seg, sex)
O museu expõe quadros e esculturas de Aristide Maillol (1861-1944), além de uma coleção de arte moderna reunida por sua musa, Dina Vierny, com obras de Matisse, Gauguin, Picasso e mestres da pintura naïf. ***?* Que alegorias aparecem acima da entrada do museu?** *O outono e o inverno de Bouchardon*

★ Tour Montparnasse (**G** B3)
→ Entrada pela rue de l'Arrivée (15e) Tel 01 45 38 52 56
Diariam 9h30-22h30 (23h30 abr-set)
A segunda construção mais alta da França (210m) e um dos raros arranha-céus de Paris. Em impressionantes 38 segundos, o elevador leva ao 56º andar, onde há exposição e terminais interativos com jogos de perguntas. No 59º andar, o teto-terraço oferece, tanto durante o dia como à noite, a mais bela das vistas parisienses. ***?* O que representa a marcação feita no piso do terraço?** *É um ponto de pouso de helicópteros*

★ Musée Bourdelle (**G** A2)
→ 18, rue Antoine-Bourdelle (15e) Tel 01 49 54 73 73
Ter-dom 10h-18h
Aluno de Rodin, Antoine Bourdelle (1861-1929) instalou-se a partir de 1885 nesse prédio, onde ganharam forma *Hércules arqueiro* e *Centauro moribundo*, além de bustos de Beethosex. Visita aos jardins, ao apartamento, ao ateliê do escultor e à ala moderna, projetada por Portzamparc. ***?* Bourdelle esculpiu quantos bustos de Beethoven?** *Mais de 80!*

★ L'Adresse-Musée de la Poste (**G** B2)
→ 21, av. du Maine (15e) Tel 01 42 79 24 24 Seg-sáb 13h-18h
Enquanto espera a conclusão das obras de recuperação do seu próprio espaço (reabertura prevista para 2016), o museu expõe seu original acervo no beco charmoso do Museu de Montparnasse. A loja está cheia de bons achados. Não deixe de visitar, lá no fun-

JARDIN ATLANTIQUE

MUSÉE BOURDELLE

PARC MONTSOURIS

do, o espaço Krajcberg, reservado a esculturas feitas com madeira queimada da Amazônia. ❓ ***Que figura feminina frequentemente aparece nos selos franceses?*** ***Marianne, emblema da República francesa***

★ Fondation Cartier (**G** C3)
→ *261, blvd Raspail (14ᵉ) Tel 01 42 18 56 50*
Ter-dom 11h-20h (22h ter)
Nessa impressionante nave de vidro e aço projetada por Jean Nouvel (1994) ocorrem exposições extremamente originais de arte contemporânea (fotos, vídeos, instalações etc.). As noites Nômades (shows, poesia, dança) e as oficinas para crianças são bem animadas. ❓ ***Que parte do corpo se pode introduzir na*** **Árvore de bronze**, ***de Giuseppe Penone, localizada no jardim?*** ***Uma mão***

★ Catacombes (**G** C4)
→ *1, av. du Colonel-H.-Rol-Tanguy (14ᵉ) Tel 01 43 22 47 63*
Ter-dom 10h-17h Visitas guiadas a partir de 10 anos
Cuidado: é de dar calafrios! Visita às catacumbas instaladas em antigas pedreiras entre 1786 e 1814, quando os cemitérios paroquiais foram destruídos por medida de higiene. No final de um labirinto de corredores escuros, crânios e fêmures de cerca de 6 milhões de parisienses. Leve um casaquinho. Programa não recomendado para pessoas sensíveis. ❓ ***Com que palavras a visita começa?*** ***„Pare! Este é o império da morte!"***

Para relaxar

★ Jardin Atlantique (**G** A3)
→ *1, place des-5-Martyrs-du-Lycée-Buffon (15ᵉ)*
Acesso pelos elevadores da estação e do blvd Pasteur
Diariam 8h-pôr do sol
Um jardim inesperado acima dos trilhos da estação ferroviária de Montparnasse. Pode-se ouvir o canto dos pássaros, indiferentes aos avisos sonoros da SNCF. Terraços de madeira para fazer a sesta, quadra de tênis, pinheiros e glicínias: não falta nada. ❓ ***Por que o piso é ondulado?*** ***Ele lembra as ondas do oceano Atlântico, para onde vão os trens que saem da estação.***

★ Cité Florale (**G** D5)
→ *Acesso pelas ruas Auguste-Lançon e Brillat-Savarin*
Triângulo bucólico no final do 13º distrito. Casinhas coloridas com pequenos jardins e ruas com nome de flor (Glycines, Iris, Liserons, Mimosas, Volubilis). ❓ ***Das ruas com nome de flor, faltou uma. Qual é?*** ***Rue des Orchidées***

★ Cité Internationale Universitaire (**G** C6)
→ *17, blvd Jourdan (14ᵉ) Tel 01 44 16 64 00 Diariam 7h-22h*
Criado em 1925, esse imenso campus abriga cerca de 12 mil alunos felizardos de 140 nacionalidades. Das 40 "casas" distribuídas pelo magnífico parque de 34ha, algumas remetem à arquitetura do país de origem, e outras, ao movimento modernista, como a Maison du Brésil (1954). A imponente Maison Internationale (1936) é inspirada no castelo de Fontainebleau. ❓ ***Que arquitetos foram responsáveis pelo projeto da Casa do Brasil?*** ***O brasileiro Lúcio Costa e o suíço Le Corbusier***

★ Parc Montsouris (**G** C5)
→ *Seg-sex 8h (9h sáb-dom)-pôr do sol*
Um dos maiores parques da capital (15ha), criado por Alphand no contexto das grandes obras do barão de Haussmann, que previu uma área verde em cada um dos pontos cardeais de Paris. Jardins ingleses ondulados, gramados, lago, teatro de marionetes e um coreto onde às vezes são realizados shows. ❓ ***Qual é a função do edifício de cimento cinza no sul do parque?*** ***É uma estação meteorológica***

Para brincar

★ Chez Bogato (**G** B4)
→ *7, rue Liancourt (14ᵉ) Tel 01 40 47 03 51 Ter-sáb 10h-19h*
Oficinas qua, sáb e feriados www.chezbogato.fr
Uma confeitaria dos sonhos, com bolos belíssimos à venda ou personalizados sob encomenda. Adquira acessórios para cozinha e festas ou, melhor ainda, inscreva-se nas oficinas (1h30) para se tornar um perfeito confeiteiro. Crianças de 4-12 anos e adultos aprendem a fazer charlottes, petits-fours, bolachas e outras delícias!

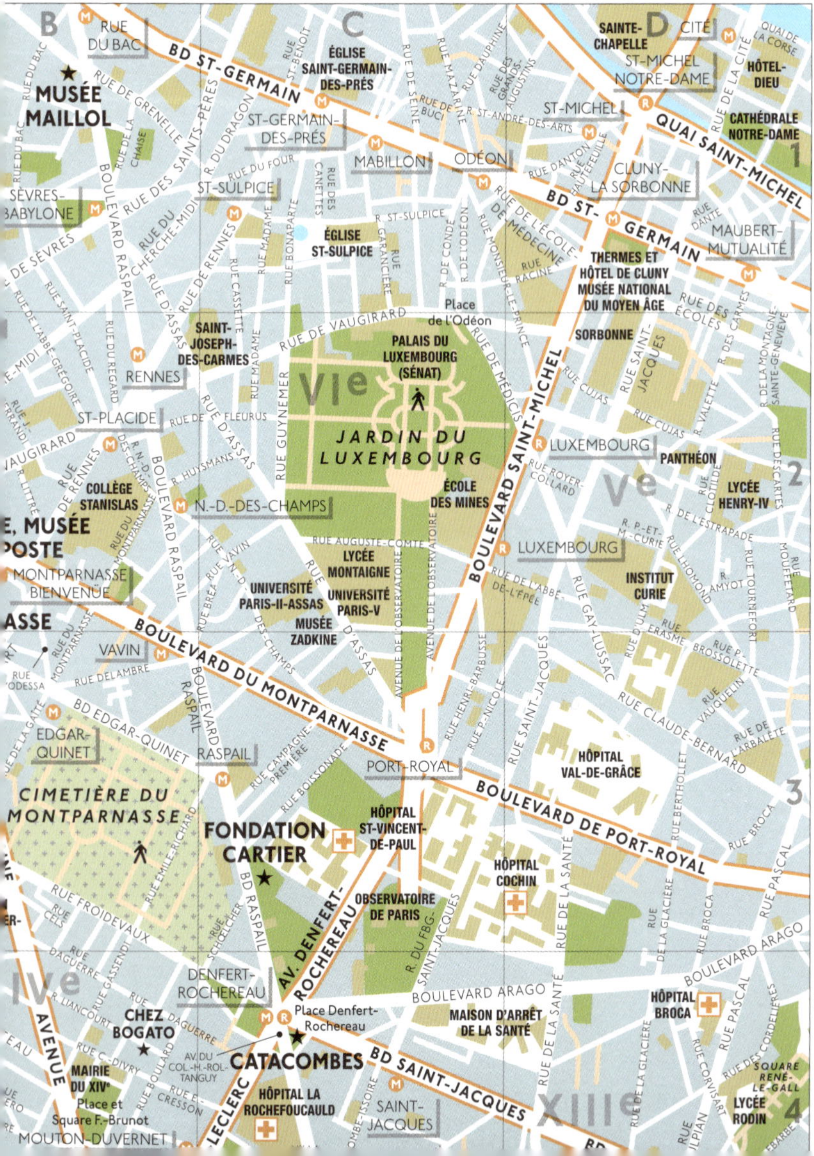
MUSÉE MAILLOL
ÉGLISE SAINT-GERMAIN-DES-PRÉS
SAINTE-CHAPELLE
HÔTEL-DIEU
CATHÉDRALE NOTRE-DAME
BD ST-GERMAIN
QUAI SAINT-MICHEL
RUE DU BAC
ST-GERMAIN-DES-PRÉS
MABILLON
ODÉON
ST-MICHEL
ST-MICHEL NOTRE-DAME
CITÉ
CLUNY-LA SORBONNE
MAUBERT-MUTUALITÉ
SÈVRES-BABYLONE
ST-SULPICE
ÉGLISE ST-SULPICE
THERMES ET HÔTEL DE CLUNY MUSÉE NATIONAL DU MOYEN ÂGE
SORBONNE
Place de l'Odéon
PALAIS DU LUXEMBOURG (SÉNAT)
JARDIN DU LUXEMBOURG
SAINT-JOSEPH-DES-CARMES
RENNES
ST-PLACIDE
VIe
Ve
LUXEMBOURG
PANTHÉON
LYCÉE HENRY-IV
ÉCOLE DES MINES
N.-D.-DES-CHAMPS
COLLÈGE STANISLAS
MONTPARNASSE BIENVENÜE
LYCÉE MONTAIGNE
UNIVERSITÉ PARIS-II-ASSAS
UNIVERSITÉ PARIS-V
MUSÉE ZADKINE
INSTITUT CURIE
BOULEVARD SAINT-MICHEL
VAVIN
BOULEVARD DU MONTPARNASSE
BOULEVARD RASPAIL
EDGAR-QUINET
RASPAIL
PORT-ROYAL
HÔPITAL VAL-DE-GRÂCE
BOULEVARD DE PORT-ROYAL
CIMETIÈRE DU MONTPARNASSE
FONDATION CARTIER
HÔPITAL ST-VINCENT-DE-PAUL
HÔPITAL COCHIN
OBSERVATOIRE DE PARIS
AV. DENFERT-ROCHEREAU
DENFERT-ROCHEREAU
BOULEVARD ARAGO
HÔPITAL BROCA
MAISON D'ARRÊT DE LA SANTÉ
Place Denfert-Rochereau
CATACOMBES
CHEZ BOGATO
MAIRIE DU XIVe
Place et Square F.-Brunot
MOUTON-DUVERNET
HÔPITAL LA ROCHEFOUCAULD
SAINT-JACQUES
BD SAINT-JACQUES
XIIIe
XIVe
LYCÉE RODIN
SQUARE RENÉ-LE-GALL
LECLERC
B
C
D
1
2
3
4

▶ Mapa A

▼ Mapa H

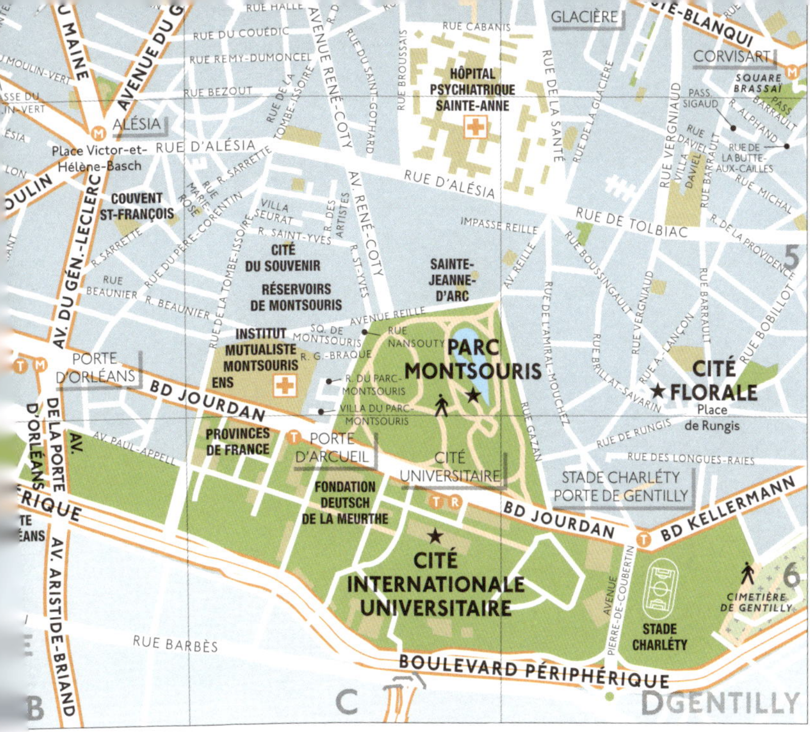

▶ Mapa H

E PARIS

SIMON COIFFEUR DE FAMILLE

L'ATELIER DE GEPETTO

PUZZLES MICHÈLE WILSON

La Folie en Tête (**H** A5)

→ *33, rue de la Butte-aux-Cailles (13ᵉ) Tel 01 45 80 65 99*
Seg-sáb 17h-2h, dom 18h-24h
No antigo vilarejo de Butte-aux-Cailles, um animado café decorado com instrumentos de madeira de todas as partes do mundo. Shows, ambiente descontraído e bebida barata.

Sugarplum Cake shop (**H** A2)

→ *68, rue du Cardinal-Lemoine (5ᵉ) Tel 01 46 34 07 43*
Ter-dom 12h-19h
Tortas, bolos, muffins e outras delícias à moda americana, bem doces, em porções generosas e preparadas no local. Atendimento encantador e interior aconchegante, em geral lotado.

Ciel (**H** A1)

→ *3, rue Monge (5ᵉ) Tel 01 43 29 40 78*
Ter-sáb 10h30-23h (1h sex-sáb), dom 10h30-17h
Especializado em angel cakes, bolos japoneses leves como uma pluma. Pão de ló e creme batido bem aerado, sabores da estação e opções clássicas (baunilha, chocolate e matchá) preenchem embalagens que parecem origamis. Em frente, em outro estilo, prove o merengue e o chantili do Aux Merveilleux.

Para comprar

Truffaut (**H** C3)

→ *85, quai de la Gare (13ᵉ) Tel 01 53 60 84 50 Diariam 10h-20h*
Uma imensa loja que combina produtos de jardinagem e de pet shop. Também oferece materiais para trabalhos manuais e decoração.

Store MK2 (**H** C4)

→ *128-162, av. de France (13ᵉ) Tel 01 53 61 71 70*
Dom-qui 10h-22h, sex-sáb 10h-0h30
Livros, bugigangas, mercearia fina, presentes high tech e, acima de tudo, uma boa seleção de DVDs.

Magasin M1 (**H** C4)

→ *34, quai d'Austerlitz (13ᵉ) Tel 01 76 77 34 82 Ter-dom 10h-19h*
Na cidade da moda e do design, objetos banais da vida cotidiana, revistos por um designer, tornam-se preciosos. Papelaria, acessórios de cozinha e mesa etc.

Tang Frères (**H** B5)

→ *44, av. d'Ivry (13ᵉ) Tel 01 45 70 80 00*
Ter-sex 9h-20h, sáb-dom 8h-20h (13h dom)
No mais conhecido dos supermercados asiáticos, você pode garimpar todos os produtos para cozinhar como naquele continente. Outra loja no nº 48.

Les Abeilles (**H** A5)

→ *21, rue de la Butte-aux-Cailles (13ᵉ) Tel 01 45 81 43 48*
Ter-sáb 11h-19h
A lojinha de um apicultor parisiense. Suas abelhas recolhem o pólen no 13º distrito e no bosque de Vincennes. Também vende méis do mundo inteiro.

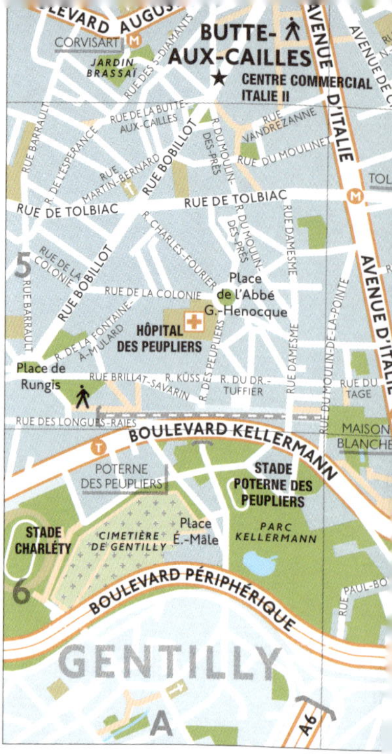

SUGARPLUM CAKE SHOP

RÉPAR

▲ Mapa G

Para se deliciar

M.O.B. (**H** C3)
→ *Les Docks 34, quai d'Austerlitz (13e) Tel 01 42 77 51 05*
Dom-qui 10h-18h, sex-sáb 10h-22h
"M.O.B." significa "Maimônides of Brooklyn", fast-food vegano (sem carne, leite ou ovo) que encanta até mesmo quem é carnívoro. Hambúrgueres à base de arroz, shiitake e cenoura. Como acompanhamento, fritas, milho e coração de alcachofra. Para terminar, cheesecake de baunilha. Hambúrguer €4-8,50.

Pho 14 (**H** B5)
→ *129, av. de Choisy (13e) Tel 01 45 83 61 15 Diariam 9h-23h*
Comida de rua igual à de Hanói! Essa cantina vietnamita que nunca sai de moda é célebre pelo pho temperado (cozido de carne). As entradas também são gostosas (raviólis e nems). Não se assuste com a fila, pois ela anda rápido. Prato €8-10.

IT Trattoria (**H** C4)
→ *125, av. de France (13e) Tel 09 84 40 48 14 Diariam 7h30-22h30*
Miracolo à italiana! Um endereço irresistível, generoso, simples e ao mesmo tempo elegante: um loft industrial no interior de um edifício projetado por Rudy Ricciotti. Focaccia preparada com produtos provenientes das melhores regiões e, como destaque, grande variedade de pasta: à carbonara, com brócolis e panceta, com atum ou com aspargos e caranguejo. Prato €9-13.

Lao Lane Xang 2 (**H** B5)
→ *102, av. d'Ivry (13e) Tel 01 45 85 19 23*
Ter-dom 12h-15h, 19h-23h (22h dom)
Mais íntimo que o original – em frente, no nº 105 – e bem conhecido dos gourmets em busca de sabores laocianos e tailandeses, esse endereço prepara com carinho pratos simples e temperados na medida certa. Carne moída com capim-limão, camarão refogado, curries deliciosos e sobremesas delicadas com leite de coco. Menu fixo no almoço €10,80; prato €10-15.

Réparate (**H** D2)
→ *128, rue de Charenton (12e) Tel 01 40 19 15 68*
Seg-qui 11h-17h; sex 11h-14h30, 18h30-21h; sáb 18h30-22h
Parede azul como o céu da Côte d'Azur, um pedaço de Nice no 12º distrito. Prove a verdadeira salada niçoise (sem arroz, por favor!), o pão ciabatta, a pissaladière, a socca (galette com farinha de grão-de-bico), a tapenade ou os petits farcis (batata, cebola e abobrinha recheada ao forno). Prato €9 (para viagem)-12.

Salon de Thé de la Grande Mosquée (**H** A2)
→ *39, rue Geoffroy-St-Hilaire (5e) Tel 01 43 31 38 20 Diariam 9h-24h*
Nos pátios da mesquita, em mesinhas dispostas sob as oliveiras, pode-se bebericar um chá de menta e saborear doces encharcados de mel. No interior, sofás e arcadas mouriscas para comer um tagine ou um cuscuz. Uma viagem! Prato €17.

Mavrommatis (**H** A3)
→ *47, rue Censier (5e) Tel 01 45 35 64 95 Diariam 9h30-21h30*
A filial de comida para viagem dessa magnífica rede grega oferece mezzes (tzatziki, babaganuche, homus, taramasalata e

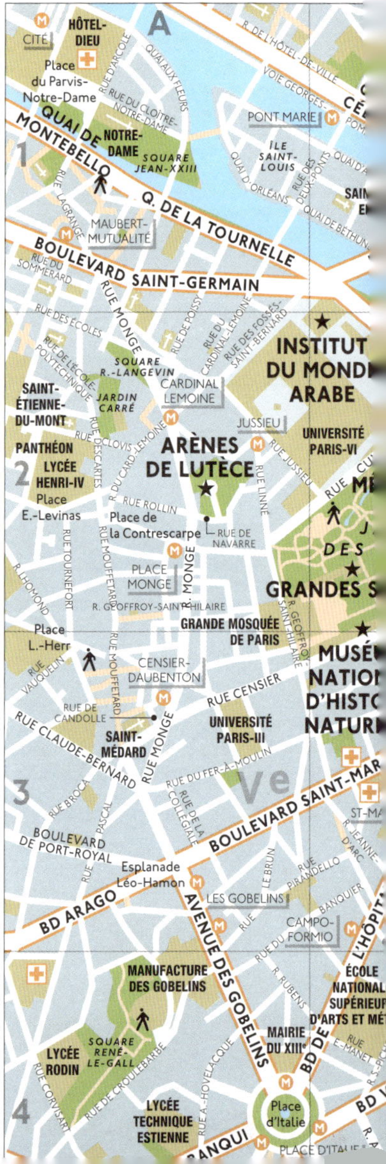

Nos quatro cantos do Jardim das Plantas, museus, estufas e zoo formam um paraíso para os mais novos, abrigando fauna selvagem, flora tropical e reproduções de dinossauros. Em frente, a Grande Mesquita, com seus mosaicos, lembra o Instituto do Mundo Árabe, bem próximo, ladeado pelas ruelas movimentadas do bairro Mouffetard. Ao sul, a Butte-aux-Cailles e suas cidades-jardins contrastam com as torres da Chinatown e a grande quantidade de cantinas asiáticas. A leste, em frente à Biblioteca Nacional Francesa (BnF), as docas e as barcaças festivas não param de transformar as margens do Sena, cujos cais viraram passeio público.

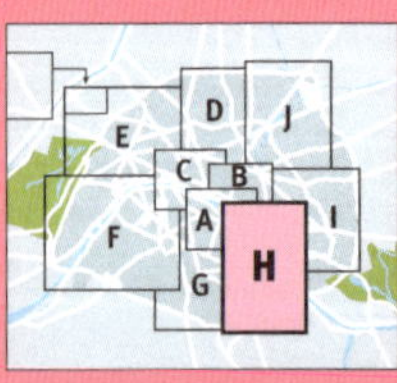

MUSÉUM D'HISTOIRE NATURELLE

GRANDES SERRES

Para visitar

★ **Institut du Monde arabe** (**H** B2)
→ *1, rue des Fossés-Saint-Bernard (5e) Tel 01 40 51 38 38*
Ter-dom 10h-18h (21h30 sex, 19h sáb-dom)
Esse incrível edifício projetado por Jean Nouvel e pelo Architecture Studio (1987) consiste numa transposição do estilo árabe-andaluz para materiais contemporâneos. A cultura do mundo árabe é explorada em todas as suas formas: mostras extremamente belas, oficinas para a família e para crianças a partir de 6 anos, livraria e concertos. Café muito agradável. ❓ ***Como se chamam as aberturas da fachada que filtram a luz?***
Moucharabiehs

★ **Muséum National d'Histoire Naturelle** (**H** B2)
→ *36, rue Geoffroy-Saint-Hilaire (5e) Tel 01 40 79 30 00*
Grande Galeria *Qua-seg 10h-18h* ***Galeria de Anatomia*** *Seg, qua-sex 10h-17h (18h sáb-dom abr-set) www.mnhn.fr*
Na Grande Galeria da Evolução, a caravana de animais empalhados surpreende pelo realismo. O roteiro lúdico da Galeria das Crianças fornece todas as informações sobre os animais ameaçados de extinção. A leste fica a Galeria de Anatomia Comparada e Paleontologia, tal como era no final do séc. XIX: assoalhos encerados, antigas vitrines e fabulosos esqueletos de dinossauros no primeiro e no segundo andares. Numerosas animações. ❓ ***Quem lidera a caravana de animais da Grande Galeria?*** *Um elefante*

★ **Grandes Serres** (**H** B2)
→ *57, rue Cuvier (5e) Tel 01 40 79 56 01*
Verão: qua-seg 10h-18h (dom 18h30); inverno: diariam 10h-17h ***Jardin des Plantes*** *Diariam nascer do sol-pôr do sol*
Vizinhas da Grande Galeria do Jardim das Plantas, bem ao lado dos canteiros floridos, essas duas estufas de ferro e vidro construídas em 1834 por Charles Rohaut de Fleury possibilitam uma fabulosa viagem no espaço e no tempo: ambiente tropical, deserto, vegetação da Caledônia e história das plantas. Temperatura amena mesmo no inverno. ❓ ***Na estufa tropical, procure a***

CITÉ DE LA MODE ET DU DESIGN

MUSÉE DES ARTS FORAINS

PISCINE JOSÉPHINE-BAKER

mafumeira. O que se pode fazer com essa árvore grande? *Fabricar canoas*

★ Cité de la Mode et du Design (H C3)

→ *28-36, quai d'Austerlitz (13ᵉ) Diariam 10h-24h*

Uma estranha carapaça de vidro e de metal verde flutua no Sena: é a Cidade da Moda. Mostras no Museu de Arte Lúdica, lojas modernas, fast-food, restaurantes e bares, entre eles o Nüba, no teto, que também é o terraço. ❓ ***O que existe de extremamente natural no terraço do Nüba?*** *A grama sobre os telhados em forma de montes*

★ Cinémathèque Française (H D3)

→ *51, rue de Bercy (12ᵉ) Tel 01 71 19 33 33*

Exposições Seg, qua-sáb 12h-19h (20h sáb); dom 10h-20h

O paraíso dos cinéfilos num surpreendente edifício de Frank Gehry (1994). Programação para o público jovem. ❓ ***Qual é o nome da maior sala da cinemateca?*** *Salle Henri-Langlois, em homenagem ao fundador*

★ Musée des Arts Forains (fora do mapa H D4)

→ *53, avenue des Terroirs-de-France (12ᵉ)*

Tel 01 43 40 16 22 Aberto apenas para quem faz reserva

Robôs e cavalinhos de madeira, gôndolas venezianas e atrações populares da Belle Époque – tudo reunido pacientemente há 35 anos pelo fundador desse museu único. Imprescindível reservar. ❓ ***O que você deve fazer para ganhar a "corrida dos garçons"?*** *Deve lançar as bolas no buraco mais distante*

Para relaxar

★ Arènes de Lutèce (H A2)

→ *49, rue Monge (5ᵉ) Seg-sex 9h-pôr do sol, sáb-dom 8h-pôr do sol*

O mesmo lugar que, no período romano, recebeu combates entre feras e gladiadores (séc. I) é ocupado hoje pelos amantes do jogo de malha e futebol. Um oásis de tranquilidade. ❓ ***Que arqueólogo do séc. XIX é homenageado com uma estátua nas Arènes?*** *Gabriel de Mortillet*

★ Parc de Bercy (H D3)

→ *Diariam 8h (9h sáb-dom)-pôr do sol*

Os armazéns vinícolas de Bercy deram lugar em 1994 a mais de 13ha de gramados, jardim botânico, horta, pomar e até um vinhedo. Tente encontrar o verdilhão, pássaro de asas e rabo amarelos que se refugia aí. ❓ ***Como se chama a escultura colossal que ocupa lugar de destaque no centro de um lago?*** *Demeure 10, de Étienne Martin (1968)*

★ Butte-aux-Cailles (H A4)

→ *Ao redor das rues de la Butte-aux-Cailles e des Cinq-Diamants*

Embora não pareça, a Butte-aux-Cailles se localiza a 63m de altitude. Arte urbana e atmosfera boêmia nos desvios das passagens, além de antigas casas operárias. Pode-se parar no jardim Brassaï. ❓ ***Que artista fez reproduções de estêncil e grafites em várias paredes do bairro?*** *Miss. Tic*

Para brincar

★ Ménagerie du Jardin des Plantes (H B2)

→ *57, rue Cuvier (5ᵉ) Tel 01 40 79 56 01*

Diariam 9h-18 h (dom 18h30)

Inaugurado em 1794, é um dos mais antigos zoos do mundo. Entre os 1.800 animais, destacam-se a orangotango fêmea Nénette, nascida em 1960 em Bornéu, os pandas-vermelhos, a pantera-da-neve e as tartarugas. Encontro com os cuidadores várias vezes por dia.

★ Piscine Joséphine-Baker (H C3)

→ *Port de la Gare, quai François-Mauriac (13ᵉ)*

Tel 01 56 61 96 50 Seg-qua, sex 7h-8h30, 13h-21h (ter 23h); qui, dom 10h-20h; sáb 11h-20h

Uma bela piscina flutuante de 25m, ancorada aos pés da BnF desde 2006. O espaço conta ainda com piscina infantil, solário e teto retrátil, que se abre nos dias bonitos.

★ Théâtre Dunois (H C4)

→ *7, rue Louise-Weiss (13ᵉ) Tel 01 45 84 72 00*

www.theatredunois.org

Um teatro voltado para as crianças que sai do lugar-comum. Dança, música e peças.

Mapa I
BD VOLTAIRE
RUE ST-ANTOINE
HÔTEL DE SULLY
Place de la Bastille
OPÉRA BASTILLE
RUE DU FBG-SAINT-ANTOINE
BD HENRI-IV
BIBLIOTHÈQUE DE L'ARSENAL
PAVILLON L'ARSENAL
LE LIEU DU DESIGN
HÔPITAL DES QUINZE-VINGTS
AV. LEDRU-ROLLIN
SAINTE-MARGUERITE
RUE DE CHARONNE
HÔPITAL SAINT-ANTOINE
Place d'Aligre
MARCHÉ D'ALIGRE
AVENUE DAUMESNIL
BOULEVARD DIDEROT
BD DIDEROT
LA MAISON ROUGE
SENA
QUAI HENRI-IV
BD MORLAND
PONT D'AUSTERLITZ
GARE DE LYON
Place du Colonel-Bourgoin
SQUARE SAINT-ÉLOI
PROMENADE PLANTÉE
AV. DAUMESNIL
JARDIN DE REUILLY
QUAI DE LA RAPÉE
PORT DE LA RAPÉE
LES DOCKS
CITÉ DE LA MODE ET DU DESIGN
QUAI D'AUSTERLITZ
GARE D'AUSTERLITZ
BOULEVARD DE L'HÔPITAL
MINISTÈRE DE L'ÉCONOMIE ET DES FINANCES
BD DE BERCY
GARE DE PARIS-BERCY
PALAIS OMNISPORTS DE PARIS-BERCY
CINÉMATHÈQUE FRANÇAISE
PARC DE BERCY
GROUPE HOSPITALIER PITIÉ-SALPÊTRIÈRE
PISCINE JOSÉPHINE-BAKER
Q. DE LA GARE
QUAI DE BERCY
BD VINCENT-AURIOL
THÉÂTRE DUNOIS
BIBLIOTHÈQUE NATIONALE DE FRANCE
Q. F.-MAURIAC
MUSÉE DES ARTS FORAINS
Place des Vins-de-France
Place La Chambeaudie
SQUARE HÉLOISE-ET-ABÉLARD
XIe
XIIe
IVe

M.O.B.

LES ABEILLES

TRUFFAUT

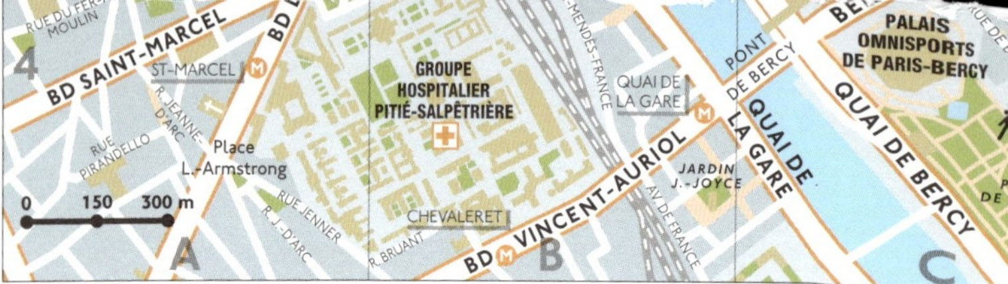

Para se deliciar

CheZaline (I B2)
→ 85, rue de la Roquette (11e) Tel 01 43 71 90 75 Seg-sex 11h-17h
Um açougue de carne de cavalo totalmente preservado, com azulejos amarelos e fórmica dos anos 1970. No cardápio, lanches repaginados por Delphine Zampetti, como os excelentes sanduíches de pot-au-feu. Sanduíche €5-9.

Café Titon (I D3)
→ 34, rue Titon (11e) Tel 09 53 17 94 10
Set-jul: seg-sáb 8h-2h, dom 10h-19h
A Alemanha dentro de Paris, em forma de cervejas, currywurst, salsicha branca e schnitzel. Porção ou prato €5,20-13,90.

Little Paris-Hanoi (I D2)
→ 9, rue de Mont-Louis (11e) Tel 01 46 59 01 40
Diariam 12h-14h30, 19h-22h30
A famosa minicantina vietnamita da rue de Charonne (nº 74) tem seu anexo, mais arejado, próximo do Père-Lachaise. Pratos muito frescos e bobuns sempre saborosíssimos. Prato €10.

Al Taglio (I C1)
→ 2bis, rue Neuve-Popincourt (11e) Tel 01 43 38 12 00
Diariam 12h-24h
Pizza em fatias como em Roma e porções vendidas por peso. Você escolhe à medida que a assadeira sai do forno. Crocantes e deliciosas. Quilo €14,20-38,80; pedaço €10-15.

Freddie's Deli (I C1)
→ 22, rue Crespin-du-Gast (11e) Tel 01 84 16 33 75
Ter 12h-17h; qua-qui, dom 12h-22h; sex-sáb 12h-23h
No terraço, algumas mesas com carteiras escolares; dentro, um balcão atendido por uma equipe eficiente. As es
sa deli à moda americana? Os sanduíches de pastra
co e de carne. Sanduíche €11-14.

Soya (I B1)
→ 20, rue de la Pierre-Levée (11e) Tel 01 48 06 33 02
Seg-sex 12h-15h30, 19h-23h; sáb-dom 11h30-23h (16h c
Refeição vitaminada 100% vegetariana. Em um espl
que ocupa o lugar de antiga fábrica de torneiras, circ
parar lasanhas, mezzes e tagines. Prato €15-16.

Mama Shelter (I E2)
→ 109, rue de Bagnolet (20e) Tel 01 43 48 45 45 Diariam
Um transatlântico da *hype* parisiense ancorado no me
"popular" 20º distrito. Com decoração assinada por S
bares para ser visto, um pebolim, uma pizzaria compr
ches aos domingos e um terraço que dá para a antiga
roviária. À mesa, a cozinha "simples" de Alain Sendere
quillette com presunto, fraldinha etc.). Pizza €9-15; pra

Raimo (I E4)
→ 63, blvd de Reuilly (12e) Tel 01 43 43 70 17
Diariam 10h-22h (24h sáb-dom)
Sorveteria tradicional, nesse endereço desde 1947. So
sorvetes deliciosos, com sabores surpreendentes (ent
leite de amêndoa, gengibre e limão com manjericão).

Bague de Kenza (I C1)
→ 106, rue Saint-Maur (11e) Tel 01 43 14 93 15
Diariam 9h (14h30 sex)-22h
A melhor confeitaria argelina de Paris. Salão de chá e p
des de doces (baklava, chifre de gazela, cascas de limã
cristalizadas etc.).

AL TAGLIO

BAGUE DE KENZA

MAMA SHELTER

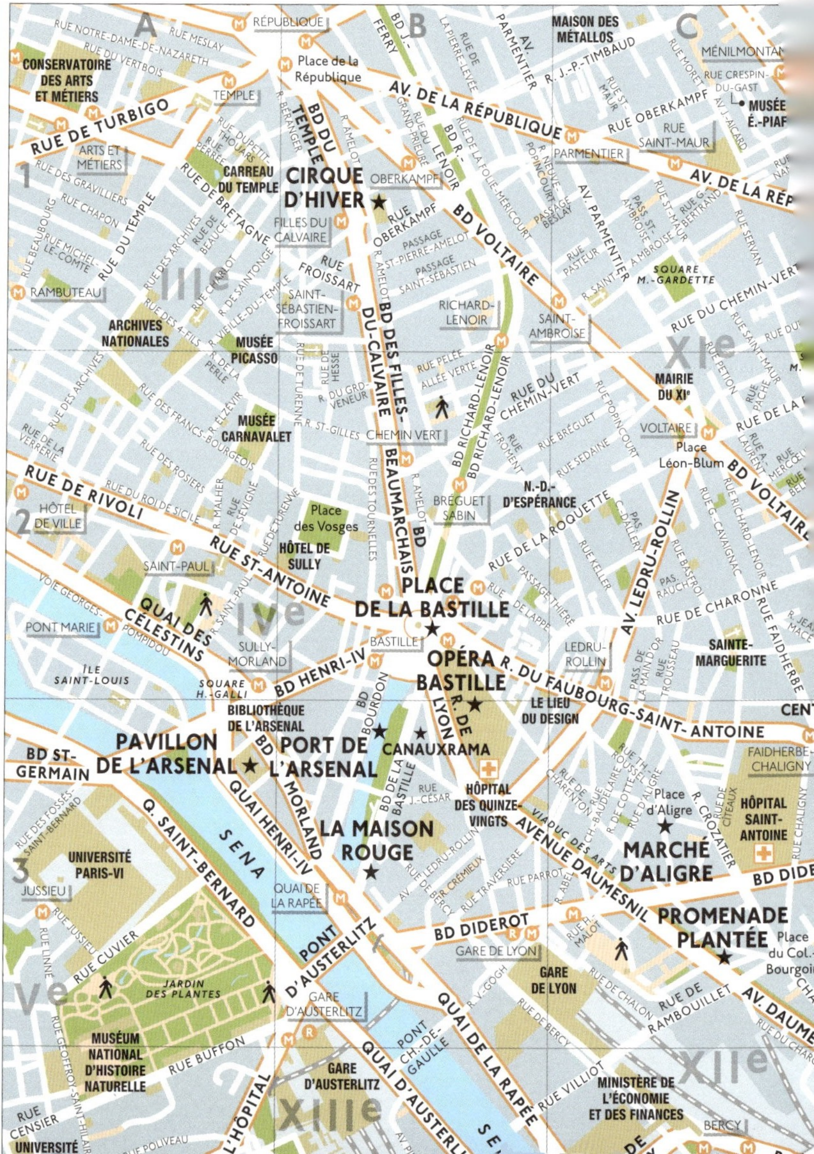
CONSERVATOIRE DES ARTS ET MÉTIERS
RÉPUBLIQUE
Place de la République
MAISON DES MÉTALLOS
MÉNILMONTANT
MUSÉE É.-PIAF
RUE DE TURBIGO
AV. DE LA RÉPUBLIQUE
CARREAU DU TEMPLE
CIRQUE D'HIVER
BD DU TEMPLE
BD VOLTAIRE
BD DES FILLES-DU-CALVAIRE
BD BEAUMARCHAIS
ARCHIVES NATIONALES
MUSÉE PICASSO
MUSÉE CARNAVALET
SQUARE M.-GARDETTE
MAIRIE DU XIe
Place Léon-Blum
RUE DE RIVOLI
Place des Vosges
HÔTEL DE SULLY
RUE ST-ANTOINE
N.-D.-D'ESPÉRANCE
RUE DE LA ROQUETTE
AV. LEDRU-ROLLIN
RUE DE CHARONNE
SAINTE-MARGUERITE
PLACE DE LA BASTILLE
OPÉRA BASTILLE
R. DU FAUBOURG-SAINT-ANTOINE
LE LIEU DU DESIGN
QUAI DES CÉLESTINS
ÎLE SAINT-LOUIS
BD HENRI-IV
BIBLIOTHÈQUE DE L'ARSENAL
PAVILLON DE L'ARSENAL
PORT DE L'ARSENAL
CANAUXRAMA
HÔPITAL DES QUINZE-VINGTS
Place d'Aligre
HÔPITAL SAINT-ANTOINE
BD ST-GERMAIN
SENA
LA MAISON ROUGE
MARCHÉ D'ALIGRE
AVENUE DAUMESNIL
PROMENADE PLANTÉE
UNIVERSITÉ PARIS-VI
Q. SAINT-BERNARD
BD DIDEROT
GARE DE LYON
PONT D'AUSTERLITZ
JARDIN DES PLANTES
MUSÉUM NATIONAL D'HISTOIRE NATURELLE
GARE D'AUSTERLITZ
QUAI DE LA RAPÉE
MINISTÈRE DE L'ÉCONOMIE ET DES FINANCES
BERCY
IIIe
IVe
Ve
XIe
XIIe
XIIIe

Bastille / Père-Lachaise

Símbolo de todas as revoluções, a Bastilha espalha sua energia libertária pelo 11º distrito com uma nova onda de estilistas e cozinheiros. Bem próximo dali, a Promenade Plantée permite circular na altura dos telhados. Na feira de Aligre, você pode provar um monte de coisas gostosas. A sudeste, na orla do bosque de Vincennes, o Palácio da Porta Dourada abriga um aquário e um museu que reproduz o multiculturalismo da França. Por fim, ao norte, no cemitério de Père-Lachaise, os visitantes ficam surpresos com a aparência dos túmulos.

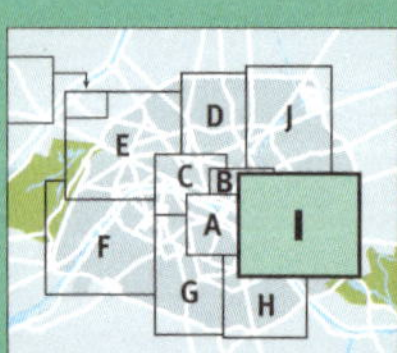

PLACE DE LA BASTILLE

PORT DE L'ARSENAL

Para visitar

★ Place de la Bastille (**I** B2) **/**
Port de l'Arsenal (**I** B3)
A tomada da fortaleza da Bastilha, em 14 de julho de 1789, marcou o início da Revolução Francesa. Reformada no séc. XIX, a imponente praça está sempre no centro das grandes manifestações. Ao longo da marina do Arsenal estendem-se as bonitas ribanceiras do canal, adornadas de gramados. ❓ *Em que pé se equilibra o Gênio da Bastilha? No esquerdo*

★ Opéra Bastille (**I** B3)
→ 120, rue de Lyon (12e) ***Visitas*** *Tel 01 40 01 19 70*
Espetáculos *Tel 08 92 89 90 90 www.operadeparis.fr*
Obra de Carlos Ott, a Opéra Bastille foi inaugurada na data simbólica de 13 de julho de 1989, para mostrar que a intenção de François Mitterrand era levar um número maior de pessoas a frequentar esse tipo de espaço. No anfiteatro, uma programação bem interessante para o público jovem: ópera e dança. ❓ ***Quantos lugares tem a sala grande?*** *2.745 lugares!*

★ Pavillon de l'Arsenal (**I** A3)
→ 21, blvd Morland (4e) Tel 01 42 76 33 97
Ter-sáb 10h30-18h30, dom 11h-19h
Expor a arquitetura e o urbanismo parisienses é a ambição desse lugar, um enorme mercado do séc. XIX. No Pavilhão das Crianças, atividades livres ou dirigidas: jogos de construção, desenho etc. Oficinas e brunch familiar, com *food truck* aos domingos. ❓ ***Como está organizado o Pavilhão das Crianças?*** *Com troncos de madeira*

★ La Maison Rouge (**I** B3)
→ 10, blvd de la Bastille (12e) Tel 01 40 01 08 81
Qua-dom 11h-19h (21h qui)
Mostras de arte contemporânea são organizadas nos 1.300m² de uma antiga fábrica construída em torno de um conjunto habitacional (a "Casa Vermelha"). No conjunto, destaca-se também o salão de chá Rose Bakery. ❓ ***Quais são os vestígios da origem industrial do prédio?*** *O uso de metal e de vidro*

AQUARIUM TROPICAL

PROMENADE PLANTÉE

CENTRE KAPLA

★ Musée de l'Histoire de l'Immigration (I F4)

→ 293, av. Daumesnil (12e) Tel 01 53 59 58 60
Ter-dom 10h-17h30 (19h sáb-dom)
Dentro do Palácio da Porta Dourada, uma recordação da Exposição Colonial de 1931, o museu apresenta um relato da história e das culturas dos que imigraram para a França a partir do séc. XIX. Fotos, objetos e filmes criam uma abordagem interativa e sensível. Todos saem mais fortes de lá. ❓ ***Que objeto o escritor Cavanna doou ao museu em memória de seu pai?*** *Sua pá de padeiro*

★ Cimetière du Père-Lachaise (I D1)

→ Entrada principal pelo blvd de Ménilmontant (20e)
Tel 01 55 25 82 10 Diariam 8h (8h30 sáb, 9h dom)-17h30
Avenidas sombreadas e ruelas tortuosas. Ao longo das alamedas erguem-se os mais extravagantes mausoléus, enquanto templos gregos ladeiam sepulturas modestas. Lá repousam Molière, Balzac, Chopin, Proust, Éluard, Édith Piaf e Jim Morrison. ❓ ***Em que língua foi escrita a frase no túmulo de Jim Morrison?*** *Em grego. Significa „Fiel a seu próprio demônio"*

Para relaxar

★ Marché d'Aligre (I C3)

→ Rue e place d'Aligre (12e)
Ter-dom 8h-13h30 (14h30 dom)
De manhã, a pracinha de Aligre fica cheia de gente, atraída pelos floristas e vendedores de objetos usados. Na rue d'Aligre, as bancas de frutas e legumes viram uma festa com os gritos dos vendedores. ❓ ***O que as vigas do mercado Beauvau trazem à mente?*** *O casco virado de um barco*

★ Promenade Plantée (I C3)

→ Diariam 8h (9h sáb-dom)-pôr do sol
Estendendo-se por 4,5km, do começo da avenue Daumesnil ao bois de Vincennes, a Promenade Plantée ocupa o lugar de uma estrada de ferro desativada em 1969. Passando por viadutos e passarelas, os jardins alternam áreas plantadas e vegetação silvestre, na altura das janelas dos prédios. Encantadora até o Jardim de Reuilly; depois, há um túnel e uma ciclovia até o bosque.
❓ ***Qual é o outro nome desse passeio?*** *Corredor Verde*

★ Aquarium Tropical (I F4)

→ 293, av. Daumesnil (12e) Tel 01 53 59 58 60
Ter-dom 10h-17h30 (19h sáb-dom)
Inaugurado em 1931 no Palácio da Porta Dourada para mostrar a fauna aquática das colônias, esse aquário tem as vantagens de ser acessível (€3,50 para menores de 25 anos) e de contar com 5 mil espécies. Passeie à vontade entre peixes-palhaço, arraias, peixes-leão e piranhas.
❓ ***Qual é o laço de parentesco entre as quatro fêmeas de jacaré do Mississípi?*** *Elas são irmãs*

Para brincar

★ Cirque d'Hiver (I B1)

→ 110, rue Amelot (11e) Tel 01 47 00 28 81
www.cirquedhiver.com
Construído por Hittorf e inaugurado por Napoleão III em 1852, esse espaço reencontrou parcialmente sua vocação original. No comando desde 1934, a família Bouglione apresenta todo inverno um espetáculo de circo tradicional, que fica em cartaz por um bom tempo.

★ Canauxrama (I B3)

→ Embarcadère de l'Arsenal, 50, blvd de la Bastille (11e)
Tel 01 42 39 15 00 www.canauxrama.com Duração de 2h30
Cruzeiro pela velha Paris ao longo do canal Saint-Martin, do porto do Arsenal até La Villette, com o espetáculo da passagem por quatro eclusas e duas pontes levadiças.

★ Centre Kapla (I D3)

→ 27, rue de Montreuil (11e) Tel 01 43 56 13 38
Qua, sáb e diariam férias escolares, 3 oficinas de 1h30 (10h30, 14h30 e 16h30)
Um supervisor ajuda a dispor milhares de pecinhas para fazer as mais arrojadas construções, que depois desmoronam ruidosamente.

▶ Mapa J

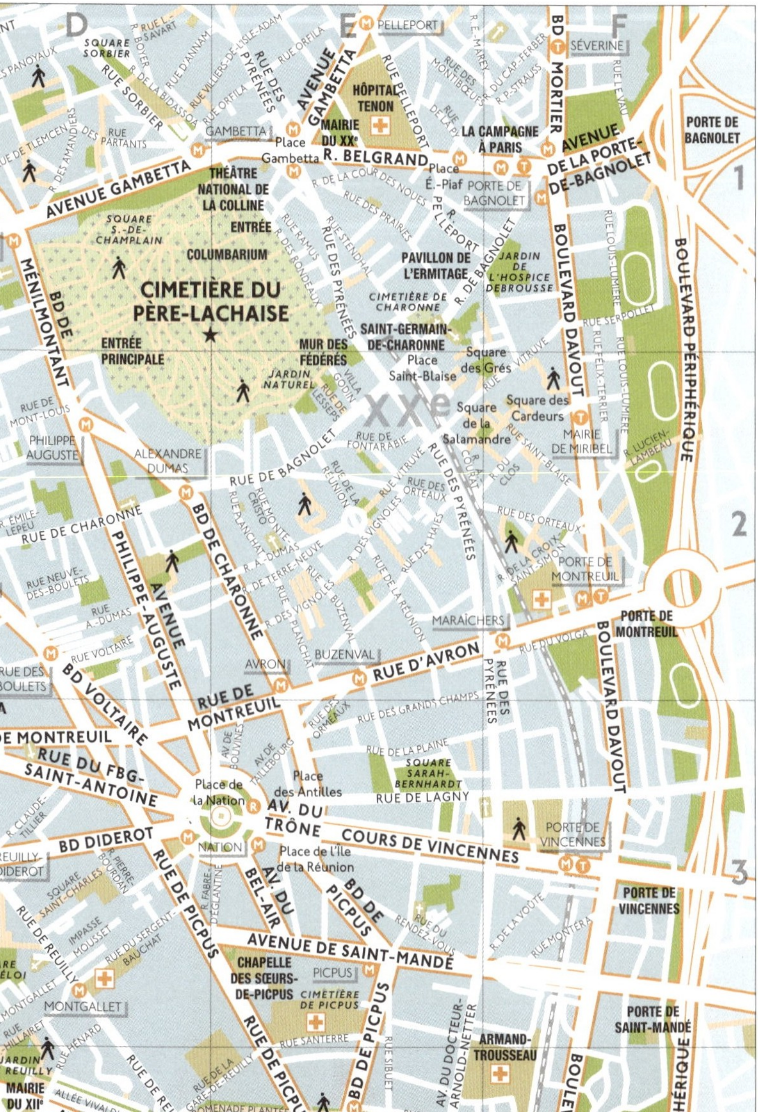
D
E
F
1
2
3
SQUARE SORBIER
RUE SORBIER
RUE DES PARTANTS
AVENUE GAMBETTA
GAMBETTA
Place Gambetta
MAIRIE DU XXe
HÔPITAL TENON
PELLEPORT
RUE PELLEPORT
R. BELGRAND
LA CAMPAGNE À PARIS
BD MORTIER
SÉVERINE
AVENUE DE LA PORTE-DE-BAGNOLET
PORTE DE BAGNOLET
Place É.-Piaf
THÉÂTRE NATIONAL DE LA COLLINE
ENTRÉE
COLUMBARIUM
SQUARE S.-DE-CHAMPLAIN
CIMETIÈRE DU PÈRE-LACHAISE
ENTRÉE PRINCIPALE
MUR DES FÉDÉRÉS
JARDIN NATUREL
BD DE MÉNILMONTANT
PAVILLON DE L'ERMITAGE
JARDIN DE L'HOSPICE DEBROUSSE
CIMETIÈRE DE CHARONNE
SAINT-GERMAIN-DE-CHARONNE
Place Saint-Blaise
Square des Grés
Square des Cardeurs
Square de la Salamandre
XXe
MAIRIE DE MIRIBEL
BOULEVARD DAVOUT
BOULEVARD PÉRIPHÉRIQUE
RUE DE BAGNOLET
ALEXANDRE DUMAS
PHILIPPE AUGUSTE
RUE DES PYRÉNÉES
RUE DES ORTEAUX
PORTE DE MONTREUIL
RUE DE CHARONNE
BD DE CHARONNE
AVENUE PHILIPPE-AUGUSTE
MARAÎCHERS
BUZENVAL
AVRON
RUE D'AVRON
RUE DE MONTREUIL
BD VOLTAIRE
RUE DU FBG-SAINT-ANTOINE
Place de la Nation
NATION
Place des Antilles
AV. DU TRÔNE
SQUARE SARAH-BERNHARDT
RUE DE LAGNY
COURS DE VINCENNES
PORTE DE VINCENNES
BD DIDEROT
Place de l'Île de la Réunion
AV. DU BEL-AIR
BD DE PICPUS
RUE DE PICPUS
AVENUE DE SAINT-MANDÉ
CHAPELLE DES SŒURS-DE-PICPUS
PICPUS
CIMETIÈRE DE PICPUS
MONTGALLET
ARMAND-TROUSSEAU
PORTE DE SAINT-MANDÉ
AV. DU DOCTEUR-ARNOLD-NETTER
MAIRIE DU XIIe

ie's Cake (**I** C2)
20, av. Ledru-Rollin (12e) Tel 01 53 46 93 16 Ter-sáb 10h30-19h30
a os aficionados por cheesecake, versões salgadas (queijo cabra, berinjela e nozes; emmenthal, cenoura e cominho) ciantes opções doces com explosivos sabores da estação.

Para comprar

lu Berlu (**I** B1)
, rue du Grand-Prieuré (11e) Tel 01 43 55 12 52
-sáb 11h-19h30
baú de tesouros para adultos nostálgicos e filhos colecioores. Miniaturas de *Star Wars*, um monte de robôs japoes e brinquedos dos anos 1950 até os dias de hoje.

nton (**I** B1)
blvd des Filles-du-Calvaire (11e) Tel 01 42 72 34 69
sáb 10h-19h Cabeleireiro fechado seg Tel 01 42 72 99 79
das mais belas lojas-conceito para crianças. Tecidos bo-, cortes sob medida, decoração, presentinhos seleciops e cabeleireiro.

nufacture de Chocolat (**I** B2)
, rue de la Roquette (11e) Tel 01 48 05 82 86 Ter-sáb 10h30-19h
ocolateria de Alain Ducasse, com vista para as belas máas, além dos chocolates divinos!

A1)
3, rue Vieille-du-Temple (3e) Tel 01 44 59 87 72
3h-19h, ter-dom 11h-19h30
sas encantadoras, calças bufantes e casacos de moletom estampas exclusivas para crianças de até 10 anos.

ADELINE KLAM

Adeline Klam (**I** B2)
→ 54, blvd Richard-Lenoir (11e) Tel 01 48 07 20 88
Seg-sáb 11h-19h
Descubra o origami fabricando móbiles, guirlandas e até mesmo joias. Itens de decoração, materiais (papéis fantásticos), livros práticos e oficinas para crianças e adultos. Um achado!

Nomadeshop (**I** B2)
→ 37, blvd Bourdon (4e) Tel 01 44 54 07 44 Ter-sex 11h-13h30, 14h30-19h30; sáb 10h-19h; dom 12h-18h
Patins, tênis com rodinhas, skates, patinetes, streetsurf e até mesmo pernas de pau, para quem está sempre em movimento. Curso de iniciação em patins. Imperdível!

LULU BERLU

NOMADESHOP

Esse café é um pedaço inesperado da África às margens do canal: um pouco bagunçado demais, lotado, na moda. É melhor ir nos dias de semana e durante o dia. Brunch dominical original (contos e oficinas). Entrada: pague quanto quiser.

Du Pain et des Idées (J A5)
→ *34, rue Yves-Toudic (10ᵉ) Tel 01 42 40 44 52 Seg-sex 6h45-20h*
Uma padaria como as de antigamente, que faz pãezinhos recheados de coisas gostosas (queijo de cabra e mel, queijo mimolette e bacon, feta e sementes de erva-doce), doces fantásticos e pães (entre eles o inimitável "pão dos amigos").

Gossima Ping Pong Bar (J C6)
→ *4, rue Victor-Gelez (11ᵉ) Tel 09 67 29 75 79*
Seg 12h-24h, ter-sáb 12h-2h, dom 12h-20h
Chegou a hora de (re)começar a jogar pingue-pongue. Por €5-6/30min ou €8/h, você pode alugar equipamentos e uma das oito mesas impecáveis, enquanto a torcida saboreia refrescos de frutas vermelhas, cervejas ou drinques.

Poule Mouillette (J A4)
→ *13, rue des Récollets (10ᵉ) Tel 09 83 22 32 17*
Ter-sáb 10h30-19h, dom 14h30-18h30
Um café adaptado às crianças que é uma graça, com salão de chá, cantinho de jogos e oficinas.

Para comprar

Le Dragon Savant (J C4)
→ *36-42, rue de la Villette (19ᵉ) Tel 01 42 45 75 30*
Ter-sáb 10h30-19h30
Livros, brinquedos cuidadosamente escolhidos, presentinhos, fantasias e, acima de tudo, conselhos sob medida!

La Petite Maison dans la Villette (J C4)
→ *33, rue de la Villette e 4 bis, rue de Palestine (19ᵉ)*
Tel 06 31 68 89 80 Ter-sáb 11h-19h30
Enquanto batem papo, as moças da Petite Maison costuram roupas para crianças. Tecido japonês e estampas nostálgicas, além de objetos, material de decoração e brinquedos.

Épicerie Le Caire à Paris (J C5)
→ *58-60, rue de Belleville (19ᵉ) Tel 01 43 49 64 53 Ter-dom 10h-22h*
A mercearia de Adel Moussa parece um mercado árabe em miniatura: azeitonas, temperos, sêmola, bureca de queijo e bolos.

Pop Market (J A5)
→ *50, rue Bichat (10ᵉ) Tel 09 52 79 96 86*
Seg-sex 11h-15h, 16h-19h30; sáb 11h-19h30
Vitrine de criadores inspirados pelas tendências do momento, reúne quinquilharias, joias e produtos de papelaria.

Antoine et Lili (J A5)
→ *95, quai de Valmy (10ᵉ) Tel 01 40 37 41 55 Inverno: ter-sex 10h30-19h30, sáb 10h-20h, dom-seg 11h-19h; verão: diariam 11h-19h*
Três fachadas – amarela, verde e rosa – de três lojas (decoração, infantil e moda) que dão colorido à vida da gente. Estampas coloridas e roupas de corte retrô ou com motivos étnicos.

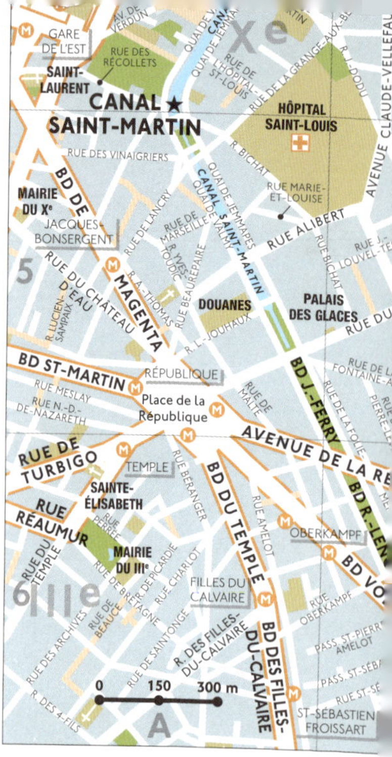

COMPTOIR GÉNÉRAL

GOSSI

▲ Mapa B

Para se deliciar

Ô Divin (**J** C5)
→ *130, rue de Belleville (20e) Tel 01 43 66 62 63*
Seg-sáb 9h30-21h, dom 15h
Sanduíches de língua com molho de raiz-forte, de carne ao vinho tinto ou de merguez (linguiça ardida do Norte da África) com ervas frescas, além de um de presunto com manteiga que é o melhor de Paris (€3,80). Pode-se levar para viagem, junto com temperos, terrinas, vinhos, sucos etc. Sanduíche €5-6.

Bob's Bake Shop (**J** A3)
→ *22 bis, rue Pajol (18e) Tel 09 84 46 25 26 Diariam 8h-16h*
Caçula da galáxia Bob (na qual se inclui o Bob Kitchen – **B C2**), é café e padaria ao mesmo tempo, como em Nova York. Bagels, tortas e cookies servidos no mercado ecológico Pajol, todo de madeira. À noite, aproveite o restaurante ao lado: Les Petites Goutes (prato €8-16). Sanduíche €7-8.

Camion à Pizzas du 104 (**J** B2)
→ *104, rue d'Aubervilliers (19e) Ter-sex 12h-15h, sáb-dom 11h-20h*
Surpreendente: uma pizza excelente feita em forno a lenha dentro de um caminhão! Marguerita, napolitana e 104 outras coberturas. Pizza €8-10.

Tuck Shop (**J** A5)
→ *13, rue Lucien-Sampaix (10e) Tel 09 80 72 95 40*
Ter-sex 10h-17h, sáb-dom 11h-18h
Nessa cantina vegetariana, tocada por um trio de australianos malucos, sobram frescor e ideias gastronômicas. Saladas, sanduíches, tortas, sopas e bolos. Menu fixo €8-13.

Bonjour Vietnam (**J** C4)
→ *6, rue Jean-Baptiste-Dumay (20e) Tel 01 47 97 87 70*
Seg-sáb 12h-15h, 19h-22h30
Um endereço escondido e familiar, um pouco distante da Chinatown de Belleville. Delicioso pho de carne, bobun e pratinhos preparados na hora com carinho. Apesar do espaço minúsculo, famílias são sempre bem-vindas. Prato €10-14.

The Sunken Chip (**J** A5)
→ *39, rue des Vinaigriers (10e) Tel 01 53 26 74 46*
Qua-dom 12h-14h30 (15h30 dom), 19h30-22h30
Fish and chips igual aos de Londres. Peixe do dia bem empanado (merluza, robalo e tamboril), purê de ervilha e fritas douradas. Para comer sentado nos bancos ou levar e saborear vendo os barcos no canal. Menu fixo infantil €10; adulto €14.

L'Atlantide (**J** C3)
→ *7, av. de Laumière (19e) Tel 01 42 45 09 81*
Seg-sex 19h-23h, sáb-dom 12h-14h30, 19h-22h30 (23h sáb)
Um dos mais renomados cuscuzes de Paris, além de pratos berberes, com ou sem caldo, e tagines. Louça e decoração típicas e recepção encantadora. Menu infantil €9,50; prato €13-20.

Comptoir Général (**J** A5)
→ *80, quai de Jemmapes (10e) Tel 01 44 88 20 45 Diariam 11h-2h*

Canal Saint-Martin / Belleville / La Villette — J

À beira dos canais, onde se pode andar a pé ou de bicicleta (a não ser que se queira navegar), a cidade segue o curso do rio. A leste, o relevo íngreme das colinas oferece as vistas mais belas da capital. É ali que a Paris do séc. XIX – no Parc des Buttes-Chaumont ou sobre uma passarela metálica do canal Saint-Martin – se encontra com a cidade do futuro – no bonde reluzente, ao longo do boulevard Periphérique, ou no Parc de la Villette, um paraíso para as crianças. Aqui e ali, vilarejos resistentes contrastam com a efervescência cosmopolita de Belleville.

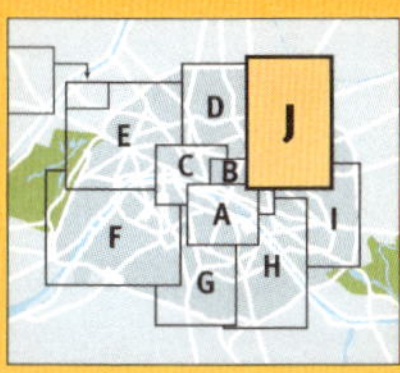

PARC DE LA VILLETTE

CITÉ DES SCIENCES

Para visitar

★ **Parc de la Villette** (**J** C2)
→ *Diariam 24h www.villette.com*
Concluído em 1991, esse imenso parque parece uma "cidade-jardim". Quando o tempo está bom, os gramados se enchem de toalhas de piquenique, de gente jogando bola e de protetores solares. Shows, bailes e festival gratuito de cinema ao ar livre atraem multidões. Espalhados pelo parque, 26 *folies* (prédios de arquitetura arrojada) vermelho-vivos abrigam atividades de lazer. Não deixe de conhecer os dez jardins temáticos, entre eles três áreas recreativas diferentes das outras, com tirolesas e trampolins. Tudo para gastar energia! ❓ ***Que máquina está enterrada entre o gramado do círculo sul e o do triângulo?*** *Uma bicicleta*

★ **Cité des Sciences et de l'Industrie** (**J** C2)
→ *30, av. Corentin-Cariou (19e) Tel 01 40 05 70 00 www.cite-sciences.fr Ter-dom 10h-18h (19h dom)*
Inaugurado em 1986, esse gigantesco museu interativo de ciência para crianças e adultos tem exposições sobre temas tão variados quanto voz e videogames. Na Cité des Enfants (reserve 1h30), um roteiro para o público de 2 a 7 anos e outro para o de 5 a 12 exploram as ciências e as técnicas: reconstituição de um estúdio de TV e cinema, jardim cheio de borboletas e fábrica do tamanho das crianças. Oficinas, planetário e, na Cúpula Geodésica, filmes em uma tela semicircular de 1.000m². E não deixe de visitar o submarino *Argonauta*. ❓ ***Qual é o número do Argonauta?*** *S636*

★ **Cité de la Musique** (**J** D2)
→ *221, av. Jean-Jaurès (19e) Tel 01 44 84 44 84 Ter-dom 12h (10h dom)-18h*
Um templo consagrado a todas as formas de música, do Barroco ao fim do séc. XIX. No museu, o visitante acompanha as transformações da música ouvindo o som dos instrumentos expostos nas vitrines. Há também ótimos concertos educativos para a família e iniciação musical. Em 2015, será inaugurado um espaço bem ao lado para a Filarmônica de Paris, com projeto de Jean Nouvel. ❓ ***A Cité mantém as guitarras de dois cantores muito populares na França. Quem são eles?*** *Jacques Brel e Georges Brassens*

CANAL SAINT-MARTIN

PARC DE BELLEVILLE

ESPACE DE GLISSE PARISIEN

★ Le 104 (J B2)

→ 104, rue d'Aubervilliers; 5, rue Curial (19ᵉ) www.104.fr Tel 01 53 35 50 00 Ter-sex 12h-19h, sáb-dom 11h-19h

As pompas fúnebres ficaram para trás (1873). Nesse gigantesco edifício de 26 mil m², todo o mundo está vivo, e como! Você pode entrar em contato com todas as formas de criação, descobrir o hip-hop e dançar com a família no Baile Pop. A Casa dos Pequenos, idealizada por Matali Crasset, comporta 30 crianças de 0 a 5 anos. Loja Emaús, cafés e, bem ao lado, os extensos gramados dos Jardins d'Éole. ***O que existe no subsolo?*** *Um labirinto de papelão*

★ Le Plateau (J C4)

→ Place Hannah-Arendt (19ᵉ) Tel 01 76 21 13 41 Qua-dom 14h-19h (21h 1ª qua do mês) www.fraciledefrance.com

Com três ou quatro mostras anuais, esse espaço ganhou destaque na linha de frente da arte contemporânea. E é gratuito! ***Qual a origem do nome "Plateau"?*** *Vem da rua vizinha, que deu nome ao bairro*

★ Maison de l'Air (J C5)

→ 47, rue des Couronnes (20ᵉ) Tel 01 43 28 47 53 Diariam qua-sáb 13h30-17h (17h30 mar, out; 18h30 abr-set)

Abaixo do estupendo mirante do Parque de Belleville, essa casa instrui os visitantes sobre a importância do ar e os problemas da poluição. ***Que monumento parisiense se pode enxergar desse lugar e não é visível da Sacré-Coeur?*** *A Torre Eiffel*

Para relaxar

★ Canal Saint-Martin (J A4)

Imaginado por Napoleão e construído entre 1822 e 1825 para abastecer a capital de água potável, o canal é hoje uma via de circulação interditada aos automóveis nos domingos, para a alegria de pedestres, ciclistas e patinadores. Ao longo das margens, a vegetação é interrompida por nove eclusas e há uma série de cafés e terraços, lojas da moda e pracinhas. ***Quem é a jovem esculpida no fim do canal, quando ele se torna subterrâneo?*** *popular de Paris La Grisette, uma moça vendedora de rosas, figura*

Parc des Buttes-Chaumont (J C4)

→ Rues Manin e Botzaris (19ᵉ) Mai-set: diariam 7h-22h; out-abr: diariam 7h-20h www.guignol-butteschaumont.com

Das antigas rochas que deram forma ao relevo desse parque (1867), o que ficou foi a paisagem variada: um lago, uma ilha, uma cascata e uma gruta. Vegetação rasteira, rochedos para escalar, gramados íngremes, áreas de lazer, marionetes e pôneis. ***No ponto mais elevado da ilha existe um templo. Por qual nome ele é conhecido?*** *Templo de Sibila*

★ Butte Bergeyre (J B4)

→ 54, av. S.-Bolívar; 2, rue G.-Lardennois; 19, rue Manin (19ᵉ)

Vencido o último degrau, no espaço circular de um antigo estádio que foi loteado nos anos 1930, surge um lugarejo cujas casas foram tomadas pelos vinhedos. Na Rue Georges-Lardennois existe um jardim comunitário, aberto nas tardes de quarta e domingo. ***Quantos degraus têm em média as escadas de acesso à colina?*** *Cerca de 90*

Para brincar

★ Parc de Belleville (J C5)

→ Rues des Couronnes, Piat, J.-Lacroix e Jouye-Rouve (20ᵉ) Diariam 8h (9h sáb-dom)-pôr do sol

Os gramados cobrem os declives até que, lá embaixo, surge uma construção de madeira para escalar, escorregar e se esconder. Comande um navio ou escale usando só as mãos!

★ Espace Sportif Pailleron (J B4)

→ 32, rue Édouard-Pailleron (19ᵉ) Tel 01 40 40 27 70 Horários em www.pailleron19.com

Uma piscina dos anos 1930, com vestiários de época, diversões aquáticas e rinque de patinação.

★ Espace de Glisse Parisien (EGP 18) (J A1)

→ 48, rue Charles-Hermite (19ᵉ) Tel 01 40 05 62 00

A maior pista de patinação coberta da França, com 3 mil m² de área cimentada. Patins, skate, patinete freestyle e BMX (com horários para cada modalidade). Se necessário, são fornecidos equipamentos de proteção e capacetes.

B
C
D
1
2
3
4
PANTIN
XIXe
MAIL C.-BERNARD
CANAL SAINT-DENIS
QUAI DE L'ALLIER
QUAI DU LOT
BOULEVARD MACDONALD
BD MACDONALD
ROSA PARKS
PORTE DE LA VILLETTE
Place Auguste-Baron
AVENUE J.-JAURÈS
RUE H.-BARBUSSE
R. É.-REYNAUD
BOULEVARD DE LA COMMANDERIE
R. DES CITÉS
RUE SAINTE-MARGUERITE
RUE DENIS-PAPIN
AVENUE ÉDOUARD-VAILLANT
RUE MAGENTA
RUE PASTEUR
RUE DAVOUST
RUE DU CHEMIN-DE-FER
R. DU CHEMIN-DE-FER
R. DU DÉBARCADÈRE
ELLA FITZGERALD-GRANDS MOULINS DE PANTIN
AV. C.-CARIOU
Q. DE LA GIRONDE
Q. DE LA CHARENTE
CITÉ DES SCIENCES ET DE L'INDUSTRIE
CORENTIN-CARIOU
GÉODE
CINAXE
ZÉNITH
CANAL DE L'OURCQ
GALERIE DE LA VILLETTE
CANAL SAINT-DENIS
Q. DE LA GIRONDE
PARC DE LA VILLETTE
GRANDE HALLE
PHILHARMONIE DE PARIS
THÉÂTRE PARIS-VILLETTE
CITÉ DE LA MUSIQUE
BOULEVARD SÉRURIER
BOULEVARD PÉRIPHÉRIQUE
DELPHINE SEYRIG
STADE JULES-LADOUMÈGUE
PORTE DE PANTIN
SAINTE-CLAIRE
RUE CURIAL
RUE GASTON-TESSIER
R. A.-KARR
RUE DE CAMBRAI
PASSAGE WATTIEAUX
RUE DE L'OURCQ
RUE DE CRIMÉE
AV. DE FLANDRE
Place de l'Argonne
RUE BARBANÈGRE
RUE DE NANTES
QUAI DE METZ
CRIMÉE
R. MATHIS
RUE ARCHEREAU
ALLÉE DES ORGUES-DE-FLANDRE
R. DE JOINVILLE
Place de Joinville
QUAI DE L'OISE
CANAL DE L'OURCQ
QUAI DE LA MARNE
ST-JACQUES-ST-CHRISTOPHE
RUE DE THIONVILLE
R. DES ARDENNES
R. G.-TAILLEFERRE
RUE A.-MILLE
R. DU HAINAUT
PORTE DE PANTIN
BD SÉRURIER
RUE DE LA MARSEILLAISE
AVENUE DE FLANDRE
R. RIQUET
RIQUET
QUAI DE LA SEINE
BASSIN DE LA VILLETTE
QUAI DE LA LOIRE
RUE L.-GIRAUD
AVENUE J.-JAURÈS
OURCQ
RUE PETIT
AV. DE LA PORTE-CHAUMONT
R. TANDOU
R. DE LA MOSELLE
LAUMIÈRE
R. DE CRIMÉE
RUE A.-DANJON
CIMETIÈRE DE LA VILLETTE
R. GOUBET
RUE D'HAUTPOUL
ALLÉE D.-MILHAUD
BUTTE DU CHAPEAU ROUGE
BD D'INDOCHINE
AVENUE JEAN-JAURÈS
RUE DE MEAUX
RUE CAVENDISH
AV. DE LAUMIÈRE
MAIRIE DU XIXe
RUE MEYNADIER
N.-D.-DE-L'ASSOMPTION
RUE MANIN
RUE DE LA SOLIDARITÉ
R. D'ALSACE-LORRAINE
BD SÉRURIER
RUE DAVID-D'ANGERS
DANUBE
RUE A.-CARREL
Place A.-Carrel
RUE BOURET
R. BOURET
ESPACE SPORTIF PAILLERON
RUE ÉDOUARD-PAILLERON
PARC DES BUTTES-CHAUMONT
RUE DE CRIMÉE
R. COMPANS
R. MIGUEL-HIDALGO
R. DU GÉN.-BRUNET
SAINT-FRANÇOIS-D'ASSISE
RUE DE L'ÉGALITÉ
RUE DE MOUZAÏA
LA MOUZAÏA
PARC DE LA BUTTE-DU-CHAPEAU-ROUGE
PRÉ SAINT-GERVAIS
BD SÉRURIER
AVENUE SECRÉTAN
BOLIVAR
SAINT-GEORGES
BOTZARIS
RUE BOTZARIS
R. COMPANS
RUE DE BELLEVUE
RUE DES LILAS
RUE DU PRÉ-ST-GERVAIS
HÔPITAL R.-DEBRÉ
RUE DES BOIS
AVENUE M.-MOREAU
BUTTES-CHAUMONT
RUE DU TUNNEL
RUE DES ALOUETTES
AV. DU GÉN.-SAN-MARTIN
RUE MANIN
BUTTE BERGEYRE
R. DU PLATEAU
LE PLATEAU
COURS DU 7e ART
Place Hannah-Arendt
RUE DE LA VILLETTE
RUE DES ANNELETS
R. ARTHUR-ROZIER
RUE DE CRIMÉE
RUE COMPANS
RUE FESSART
R. DES SOLITAIRES
Place des Fêtes
RUE GEORGES-LARDENNOIS
RUE BOTZARIS
DR-POTAIN

Mapa I

BAR

DRAGON SAVANT

LA PETITE MAISON

POP MARKET

LIGAÇÃO COM OS AEROPORTOS

Roissy-CDG
RER B *€9,75 (€6,85 p/ 4-10 anos).* **Roissybus** *Opéra* (**C** D1) *€10,50.*
Ônibus Air France *Porte Maillot* (**E** B2), *Étoile* (**E** C3) *€17 (€8,50 p/ 2-11 anos), Montparnasse* (**G** B3) *€17,50 (€9 p/ 2-11 anos).* **Táxi** *Cerca de €50*
Orly
Orlyval *Orlyval e depois RER B €11,65 (€5,80 p/ 4-10 anos).* **Orlybus** *Em frente ao RER Denfert-Rochereau* (**G** C4) *€7,50.*
Ônibus Air France *Invalides* (**F** F2), *Montparnasse* (**G** B3) *€12,50 (€6,50 p/ 2-11 anos).*
Táxi *Cerca de €30.*

BATEAU-MOUCHE

TÁXIS

Letreiro "taxi" verde: livre; vermelho: ocupado. Atenção: é difícil encontrar táxi sábado à noite.
Táxis azuis
→ *Tel 36 09*
Até 7 passageiros. Transporte de menores não acompanhados, tabuleiro de jogos.
Táxis G7
→ *Tel 36 07*
Até 7 passageiros. Cadeiras de bebê e assentos elevados.
Táxi Baby Seat
→ *www.taxibabyseat.com 06 08 57 75 83*
Até 8 passageiros. Cadeiras de bebê, assentos elevados e canções infantis.

AUTOLIB'

→ *www.autolib.eu*
Carros elétricos de 4 lugares para alugar em sistema de autoatendimento. Mais de 800 postos em Paris. Opções de 1 dia (€9/30min), 7 dias (€10, mais €7/30min) e 1 mês (€25, mais €6,50/30min).

BARCOS

Batobus
→ *Tel 08 25 05 01 01 1 dia (€16), 2 dias (€18).*
8 escalas, da Torre Eiffel ao Jardin des Plantes.
Bateaux Parisiens
→ *www.bateauxparisiens.com Junto à Torre Eiffel*
Cruzeiro encantado para as crianças, com propostas de atividades.
Bateaux-Mouches
→ *www.bateaux-mouches.fr Port de la Conférence-Pont de l'Alma, margem direita*

St-Christopher's Inn (**J** B2)
→ *159, rue de Crimée (19ᵉ) Tel 01 40 34 34 40 www.st-christophers.co.uk*
Animado albergue para mochileiros em estilo anglo-saxão, num dos antigos armazéns gerais perto do lago de la Villette. Não oferece berços. Os dormitórios podem ser transformados em quartos privativos (6-12 camas). €26-40 por pessoa.
Hôtels MIJE (**B** D4)
→ *6, rue de Fourcy; 11, rue du Fauconnier; 12, rue des Barres (4ᵉ) Tel 01 42 74 23 45 www.mije.com*
Em pleno Marais, dois hotéis do séc. XVII e uma residência medieval, alojamentos bem originais. A partir de 7 anos e estada limitada a 7 noites. Jantar €10,50. Adesão à associação €2,50. Café da manhã incluso. €82 para 2 pessoas, €106,50 para 3 e a partir de €134 para 4 ou mais.

MENOS DE €100

Le Hameau de Passy (**F** C1)
→ *48, rue de Passy (16ᵉ) Tel 01 42 88 47 75 www.hameaudepassy.com*
Trinta e dois quartos elegantes com toques de design e um pequeno pátio arborizado, onde se ouve o canto dos melros. Equipamento de bebê (cama €17). €72 para 2 pessoas, €94 para 3 e €106 para 4.
Solar Hôtel (**G** B4)
→ *22, rue Boulard (14ᵉ) Tel 01 43 21 08 20 www.solarhotel.fr*
Uma iniciativa ecológica e um hotel que serve de exemplo para a capital: painéis solares, reciclagem e 34 quartos com paredes de cores vivas e sem Wi-Fi. Pequeno pátio arborizado e café da manhã orgânico. €79 para 2 pessoas e €99 para 4.
Hôtel Sainte-Marie (**D** D6)
→ *6, rue de la Ville-Neuve (2ᵉ) Tel 01 42 33 21 61 www.hotelsaintemarie.com*
Esse pequeno hotel destaca modernos tons de cinza-grafite e cinza-metálico ao mesmo tempo que preserva pedras aparentes. Dezenove quartos, com vista para o pátio (mais escuros) ou para a rua, e estúdios com cozinha inteiramente equipada. Serviços de babá. €79-99 para 2 pessoas, €129-149 para 3 e €159-179 para 4.
Mama Shelter (**I** E2)
→ *109, rue de Bagnolet (20ᵉ) Tel 01 43 48 48 48 www.mamashelter.com*
Com decoração em cimento cru assinada por Philippe

Um pouco de ar fresco!

Para grandes e pequenos, escapadas lúdicas e culturais a uma ou duas horas de Paris.

Vincennes

→ *Av. de Paris Tel 01 41 74 19 12 De metrô (linha 1, estação Château-de-Vincennes) ou de RER (linha A, estação Vincennes)*
A 15min de metrô do centro, o bosque de Vincennes é um dos pulmões verdes de Paris. Você pode passear a pé ou de bicicleta pelas alamedas e navegar de barco no lago, além de visitar o pagode budista, os prados e o hipódromo.

Château de Vincennes

→ *Diariam 10h-18h (18h fim mai-fim set)*
Uma imponente fortaleza real (séc. XIV). Escale os 250 degraus da masmorra, a mais alta da Europa, e circule pela passarela da guarda.

Parc Floral

→ *Tel 01 49 57 24 84 Diariam 9h30-pôr do sol*
Magníficos jardins planejados em 31ha. Uma combinação de flores, horta, esculturas, áreas de lazer e inúmeras atrações, como minigolfe, arvorismo, quadriciclos de pedal, Teatro Astral, marionetes e festivais. Imperdível!

Parc Zoologique de Paris

Consulte "Paris, para quem gosta de...", no início do guia.

Ferme de Paris

→ *1, route du Pesage, bois de Vincennes De metrô (linha 8, estação Maisons-Alfort-Stade) Sáb-dom 13h30-18h30*
Uma fazenda tradicional que faz a alegria dos parisienses. Galinhas, carneiros, cabras, vacas e porcos perambulam à sombra de um belo pomar. Grátis.

Château e Parc de Versailles

→ *22km a oeste De RER (linha C, estação Versailles Château--Rive Gauche) ou de trem (a partir da Gare Saint-Lazare até a estação Versailles-Rive Droite) ou de ônibus 171 (a partir de Pont-de-Sèvres) Tel 3083 7800* ***Palácio*** *qua-dom 9h-18h30 (nov-mar 17h30)* ***Parque*** *diariam 7h-20h30 (nov-mar 18h)*
O imenso e extraordinário palácio de Luís XIV, o Rei-Sol! Para não causar indigestão nas crianças, visite uma parte de cada vez: escolha entre os quartos dos monarcas e a deslumbrante Galeria dos Espelhos, o Petit e o Grand Trianon, o Refúgio da Rainha e, se o tempo estiver bom, os jardins e bosques, que por si sós já valem a visita. Dê uma espiada, bem cedinho, no espetáculo equestre da Academia, dirigido pelo espalhafatoso treinador Bartabas.

Domaine de Chantilly

→ *40km ao norte De RER (linha D, a partir da Gare du Nord até a estação Chantilly-Gouvieux), depois 20min a pé (ou de táxi) Tel 4427 3180 Diariam 10h-18h (parque 20h)*
Em vez das maravilhosas coleções de pinturas dos sécs. XVI e XIX no castelo, reunidas pelo duque de Aumale, as crianças certamente vão preferir os espetáculos equestres das Grandes Cavalariças, o museu vivo do cavalo, ou os jardins de estilo francês (séc. XVII) e o parque, que dispõe de áreas de lazer, campos, labirinto e espaço de cangurus.

Château de Vaux-le-Vicomte

→ *55km a sudeste De trem (a partir da Gare de Lyon até Melun), depois ligação "châteaubus" nos fins de semana Tel 6414 4190 Início mar-início nov: diariam 10h-18h; dez: www.vaux-le-vicomte.com*
O jardineiro André Le Nôtre, o arquiteto Louis Le Vau e o pintor Charles Le Brun, três artistas a serviço de Nicolas Fouquet, superintendente de finanças durante o reinado de Luís XIV, fizeram desse castelo um modelo invejado pelo soberano. Visitas com trajes de época ou à luz de velas, livro de charadas e museu das carruagens.

Château et Forêt de Fontainebleau

→ *70km a sudeste De trem (a partir da Gare de Lyon até a estação Fontainebleau-Avon), depois ônibus 101 Tel 01 60 71 50 70 Qua-seg 9h30-18h (17h out-mar)*
Residência real por excelência, a preferida de 34 monarcas da Idade Média até Napoleão III, o castelo fica ao lado da floresta onde a Corte ia caçar. Escale os rochedos de granito (Roche aux Sabots, Canche aux Merciers), caminhe (o circuito E, com balizas brancas, é adaptado para crianças) ou faça piquenique na areia numa área protegida do sol.

Château et Parc de Sceaux

→ *12km ao sul De RER (linha B, estações Bourg-la-Reine ou Parc-de-Sceaux) Tel 01 41 87 29 50* ***Château*** *Qua-seg 10h-13h, 14h-18h; sáb-dom 10h-18h (17h nov-mar)*
Ainda belo, esse castelo na entrada de Paris substituiu o de Jean-Baptiste Colbert, ministro de Estado e da economia de Luís XIV. Os jardins são de Le Nôtre. Espaço magnífico para correr, jogar e pescar, além de quatro áreas de lazer criativas, adaptadas por faixa etária.

Basilique de Saint-Denis

→ *11km ao norte 1, rue de la Légion d'Honneur De metrô (linha 13, estação Basilique-Saint-Denis) ou de RER (linha D, estação Saint-Denis) Tel 3083 7800 Abr-set: diariam 10h (12 dom)-18h15; out-mar: diariam 10h (12h dom)-17h15*
Rico convento durante a Idade Média, a basílica é uma obra-prima da arte gótica. Esplêndida arte funerária do séc. XII ao XVI na Necrópole dos Reis, onde repousam muitos monarcas franceses, de Dagoberto a Luís XVIII.

Musée de l'Air et de l'Espace / Le Bourget

→ *12km a nordeste De RER (linha B, estação Le Bourget) ou de metrô (linha 7, estação La Courneuve), depois ônibus 152 Tel 01 49 92 70 00 Ter-dom 10h-18h (17h out-mar)*

AEROPORTOS

→ *Tel 39 50 www.aeroportsdeparis.fr*
Informações completas sobre Roissy e Orly.

Roissy-Charles--de-Gaulle (CDG)
Três terminais: 1, 2 (voos regulares) e 3 (voos charter).

Orly (ORY)
Dois terminais: Sul e Oeste.

Paris-Beauvais--Tillé (BVA)
→ *Tel 08 92 68 20 66 www.aeroportbeauvais.com Vans autorizadas para Paris-Porte Maillot (**E** B2) €17 na bilheteria, €15,90 a bordo, grátis 0-3 anos Duração de 1h15-1h30*
Usado por várias companhias de baixo custo.

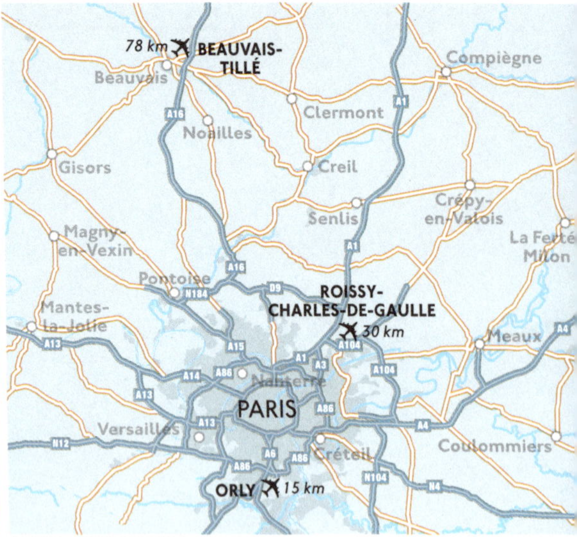

ACESSO AOS AEROPORTOS

Salvo menção em contrário, os preços indicados referem-se a quartos com banheiro, sem café da manhã incluso, e os berços são grátis. É aconselhável fazer reserva. Central de reservas no site do escritório de turismo: www.parisinfo.com. Considere também o intercâmbio de casas, uma das soluções mais práticas para a família.

CAMPING

Camping Indigo Paris (fora do mapa **F** A1)
→ *2, allée du Bord-de-l'Eau (16ᵉ) Tel 01 45 24 30 00 www.campingparis.fr Navette Camping-Mº Porte-Maillot*
O único camping parisiense, localizado às margens do Sena, no bois de Boulogne, tem pebolim, pingue-pongue, área de lazer e equipamentos para bebê. Há 435 lugares (€24,90-36,20) e 75 cabanas e trailers (a partir de €87 para 4 pessoas).

APARTAMENTOS

Airbnb
→ *www.airbnb.fr*
Alojamentos particulares em todas as regiões de Paris: quartos de hóspedes ou apartamentos. Todas as categorias: de €7 (!) a €500.

Adagio City Aparthotel
→ *Tel 0825 012 011 www.adagio-city.com*
Alojamentos modernos e confortáveis para até 6 pessoas a partir de €71.

Villa Daubenton (**G** D3)
→ *34, rue de l'Arbalète (5ᵉ) Tel 01 55 43 25 50 www.villa-daubenton.com*
Imensos apartamentos sóbrios e elegantes. €129-300 para 2 pessoas, €179-450 para 4 e €199-600 para 6.

Fun Hôtel (**D** B2)
→ *Rue du Poteau (18ᵉ) Tel 06 63 19 19 87 www.fun-hotel.com*
Apartamentos curiosos e coloridos para 7 pessoas. Na suíte "Circo", dorme-se debaixo de uma lona de circo na companhia de uma imitação de tigre empalhado. Na suíte "Campeões", há o quarto "Tour de France" e uma sala de jogos. Para 2 noites (mínimo), €170-190; as tarifas diminuem conforme a estada se prolonga.

Citadines Aparthotel
→ *Tel 01 41 05 79 05 www.citadines.com*
A intimidade de um apartamento aliada ao conforto de um hotel. Serviço de babá e equipamento de bebê. A partir de €180.

Helzear Appartemen Montparnasse (**G** B
→ *40, rue Liancourt (14ᵉ) Tel 01 45 26 11 06 www.helzear-montparnass rive-gauche.com*
Apartamentos acolhedor com madeira, vigas apare tes e lareira decorativa. B to pátio interno. A partir c €360. Promoções no site

ALBERGUES D JUVENTUDE

Auberge Yves-Ro (**J** A3)
→ *20, rue Pajol (18ᵉ) Tel 38 87 90 www.hifrance.o*
Um albergue 100% sus tável e com fachada de deira. Na parte de baix jardim com mesa de pi -pongue. Os dormitóri dem ser transformados quartos privativos (de camas). €26-40 por p

ESTAÇÕES FERROVIÁRIAS, EMBARCADOUROS E ESTAÇÕES P'TIT VÉLIB'

A PARTIR DE €200

Hôtel Original (**I** B2)
→ *8, blvd Beaumarchais (11e)*
Tel 01 47 00 91 50
www.hoteloriginalparis.com
Trinta e oito quartos belíssimos com a assinatura de Stella Cadente em um hotel que faz jus ao nome. O apartamento quádruplo em tons violeta-claro é inspirado na obra de Lewis Carroll. €200-250 para 2 pessoas e €300-350 para 3 ou 4. Promoções no site.

Hôtel Bel Ami (**A** B2)
→ *7-11, rue Saint-Benoît (6e)*
Tel 01 42 61 53 53
www.hotelbelami-paris.fr
Uma antiga gráfica transformada num hotel esfuziante. Quartos sofisticados, vários deles com a assinatura de Sonia Rykiel. Penhoares e chinelos de tamanho infantil e serviço de babá. A partir de €250 para 2 pessoas e de €450 para 3.

Hôtel Sezz (**F** C2)
→ *6 avenue Frémiet (16e)*
Tel 01 56 75 26 26
paris.hotelsezz.com
Um hotel moderno e funcional em tons de preto e cinza que vai conquistar os pais. Spa e sauna turca, jogos de salão, equipamento de bebê e serviço de babá. €282-470 para 2 pessoas, €402-670 para 3 e €700-1200 para 4.

Hôtel Le Littré (**G** B2)
→ *9, rue Littré (6e)*
Tel 01 53 63 07 07
www.hotellittreparis.com
Decoração clássica, em que predomina o mármore, e quartos enormes, alguns com terraço e vista para a Torre Eiffel. Serviço de babá e menu infantil. €345-535 para 2 pessoas, €495-695 para 3 ou 4 e a partir de €990 para 6.

HOTÉIS DE ALTO LUXO

Le Meurice (**C** D2)
→ *228, rue de Rivoli (1er)*
Tel 01 44 58 10 10
www.dorchestercollection.com
Para os pais, sauna e academia de ginástica; para as crianças, caça ao tesouro, brinquedos de pelúcia, barquinhos de madeira e outras surpresas. Cama extra €100 (grátis para hóspedes de até 15 anos). A partir de €670.

Le Bristol (**E** E3)
→ *112, rue du Faubourg-Saint-Honoré (8e) Tel 01 53 43 43 00*
www.lebristolparis.com
Charme e elegância num hotel com decoração no mais puro estilo setecentista. Spa de La Prairie e restaurante sofisticado. Para as crianças, presentes e uma série de atividades lúdicas inesquecíveis. A partir de €1.100.

METRÔ E ÔNIBUS

→ *Tel 32 46*
www.ratp.fr

Metrô
→ *Diariam 5h30-0h30/1h (1h30/2h sex-sáb)*
16 linhas em Paris e na Grande Paris (zonas 1-2).

RER
→ *Diariam 5h30-0h30*
5 linhas expressas (A, B, C, D, E) atravessam Paris e a Île-de-France (zonas 1-6).

Ônibus
→ *Diariam 7h-20h30 (certas linhas 0h30)*
59 linhas. Serviço reduzido dom e feriados.

Noctilien
→ *Diariam 0h30-5h30*
Ônibus noturno: 47 linhas.

Ônibus elétrico
→ *Diariam 5h30-0h30*
Duas linhas: T3a, entre Pont du Garigliano e Porte de Vincennes; e T3b, até Porte de la Chapelle.

Tipos de passagem

Bilhetes
→ *€1,70 o unitário (pagamento a bordo); €13,70 o carnê com 10 bilhetes (€6,85 para 4-10 anos).*
À venda nas estações de metrô e em algumas tabacarias.

Mobilis
→ *€6,80-16,10, conforme as zonas cobertas.*
Trajetos ilimitados durante 1 dia.

Paris Visite
→ *€10,85-59,50 (€5,40-29,75 para 4-12 anos), conforme o prazo escolhido (1, 2, 3 ou 5 dias) e as zonas cobertas*
Todos os tipos de transporte e de tarifas reduzidas nos monumentos participantes.

PASSEIOS NOS ARREDORES DE PARIS

PALÁCIO E PARQUE DE VERSALHES

FAZENDA DE GALLY

PARQUE ASTERIX

PARC DES FÉLINS

Aí se encontram os modelos lendários da história da aeronáutica, dos pioneiros da aviação aos protótipos mais malucos, como o Concorde, o foguete Ariane e o Mirage 2000. Há várias animações e é permitido entrar nos aparelhos.

Disneyland Paris / Marne-la-Vallée

→ 32km a leste De RER (linha A, estação Marne-la-Vallée--Chessy) Tel 0825 30 05 00 www.disneylandparis.fr
Cinco universos encantados, além da Disney Village e dos Walt Disney Studios, menos concorridos. Prepare a visita levando em conta as ofertas especiais e a programação e divida seu dia entre os brinquedos (idades indicadas), os desfiles e os espetáculos. Muitas filas.

Parc Astérix / Plailly

→ 30km ao norte De RER (linha B, estação Aéroport-Charles--de-Gaulle, terminal 1), depois van Tel 0826 46 66 26 www.parcasterix.fr
À semelhança da HQ criada por Gosciny e Uderzo, o parque tem cinco universos relacionados às aventuras dos invencíveis gauleses: Roma antiga, Egito, Grécia, Vikings e, por último, a Floresta de Ideiafix. Para toda a família.

Parc des Félins / Nesles

→ 52km a leste De RER (linha D, estação Melun), depois ônibus (Seine-et-Marne Express nº 1, parada Lumigny-Parc-des-Félins) Tel 01 64 51 33 33 Horários em www.parc-des-felins.com
Tigres brancos, leões da Ásia, lêmures, guepardos, linces e panteras – 140 felinos numa área de 71ha.

Le *Cyclop* de Jean Tinguely / Milly-la-Forêt

→ 62km ao sul De RER (linha D, estação Maisse), depois 7km de táxi ou de bicicleta (pode ser transportada no RER) Tel 01 64 98 95 18 Abr-nov: sáb-dom (e sex jul-ago) 13h30-18h www.lecyclop.com Não permite entrada de menores de 8 anos
Com 22m de altura e 350 toneladas de aço, esse Ciclope foi edificado entre 1969 e 1994 por Tinguely, Niki de Saint Phalle e seus amigos (César, Arman e Soto). É possível penetrar nessa escultura colossal como num labirinto.

Colheitas em fazendas

→ www.chapeaudepaille.fr Fim mar-nov
Dez fazendas na Île-de-France, onde se podem colher frutas, legumes e flores.

France Miniature / Élancourt

→ 40km a oeste blvd André-Malraux Tel 01 30 16 16 30 De trem (a partir da Gare Montparnasse até a estação La Verrière), depois ônibus 411 www.franceminiature.fr
Conheça rapidamente os mais belos monumentos e paisagens franceses em um parque de diversões de 5ha. Divertido e original.

FUNICULAR EM MONTMARTRE

METRÔ

PONTO DE ÔNIBUS

VÉLIB'

→ *www.velib.paris.fr*
Postos de aluguel de bicicletas em sistema de autoatendimento por toda a cidade, a aprox. cada 300m. Pacote de 1 ano (€29) e bilhetes de 1 dia (€1,70) ou 7 dias (€8), por meio de cartão de crédito. Grátis nos primeiros 30min; depois, €1/30min.

P'tit Vélib'
→ *blog.velib.paris.fr/ptit-velib/*
Quatro modelos de bicicleta para crianças de 2 a 8 anos, com capacete. Disponíveis em áreas verdes ou reservadas a pedestres. Horários conforme a época do ano. Aluguel 1h (€4-6), 30min (€7-12) e 1 dia (€10-15).

Starck, esse hotel faz o maior sucesso no bairro popular de St-Blaise. De gosto apurado, seus 172 quartos são a última palavra em matéria de conforto. Berço (somente em alguns quartos) €15. A partir de €89 para 2 pessoas e de €139 para 3.

A PARTIR DE €100

Pavillon Bastille (I B3)
→ *65, rue de Lyon (12e)*
Tel 01 43 43 65 65
www.pavillonbastille.com
Bem localizado, um três estrelas tranquilo e agradável, padrão. No terraço arborizado se pode degustar um farto café da manhã. Grátis para crianças de até 4 anos e metade do preço para as de 4 a 12. €100-200 para 2 pessoas e €200-400 para 4.

Hôtel de Suède (G A1)
→ *31, rue Vaneau (7e)*
Tel 01 47 05 00 08
www.hoteldesuede.com
Encantador hotel com 39 quartos, tranquilo e tradicional. Pequeno pátio ensolarado e florido. Equipamento de bebê. Grátis para crianças de até 2 anos. €110-229 para 2 pessoas e €170-289 para 4.

Ermitage Hôtel (D C3)
→ *24, rue Lamarck (18e)*
Tel 01 42 64 79 22
www.ermitagesacrecoeur.fr
Uma adorável mansão do séc. XIX transformada em casa de hóspedes, com cinco quartos e três apartamentos confortáveis em estilo floral inglês. Pequeno jardim com vista para a Butte. Café da manhã incluso. €120-135 para 2 pessoas, €155 para 3 e €180 para 4.

Hôtel Paradis (D D6)
→ *41, rue des Petites-Écuries (10e) Tel 01 45 23 08 22*
www.hotelparadisparis.com
Com decoração assinada por Dorothée Meilichzon, uma mistura de refinamento e estilo retrô: cabeceiras que lembram nuvens e papéis de parede vintage. Os quartos do sétimo andar dão para Montmartre. €120-205 para 2 pessoas e €150-206 para 3.

La Maison Montparnasse (G A4)
→ *53, rue de Gergovie (14e)*
Tel 01 45 42 11 39
www.lamaisonmontparnasse.com
Numa ruazinha do bairro de Pernety, um hotel adorável, aconchegante e colorido. Bolo caseiro e geleias artesanais no café da manhã, terraço e equipamento de bebê. Grátis para crianças de até 2 anos. €125-135 para 2 pessoas e €145-165 para 3.

Hôtel des Grandes Écoles (A D4)
→ *75, rue du Cardinal-Lemoine (5e) Tel 01 43 26 79 23 www.hotel-grandes-ecoles.com*
Na velha Paris, um verdadeiro chalé com jardim e 51 quartos. Motivos florais, quadros de Jouy e móveis antigos numa casa elegante do final do séc. XIX. Serviço de babá. €130-160 para 2 pessoas e €180 para 4.

Hôtel des Marronniers (A B2)
→ *21, rue Jacob (6e)*
Tel 01 43 25 30 60
www.hotel-marronniers.com
Um endereço encantador, cujos quartos dão para o pátio, para o campanário de Saint-Germain ou para o jardim. Este, transformado em salão de chá, é um verdadeiro oásis de tranquilidade. €145 para 2 pessoas, €215 para 3 e €260 para 4.

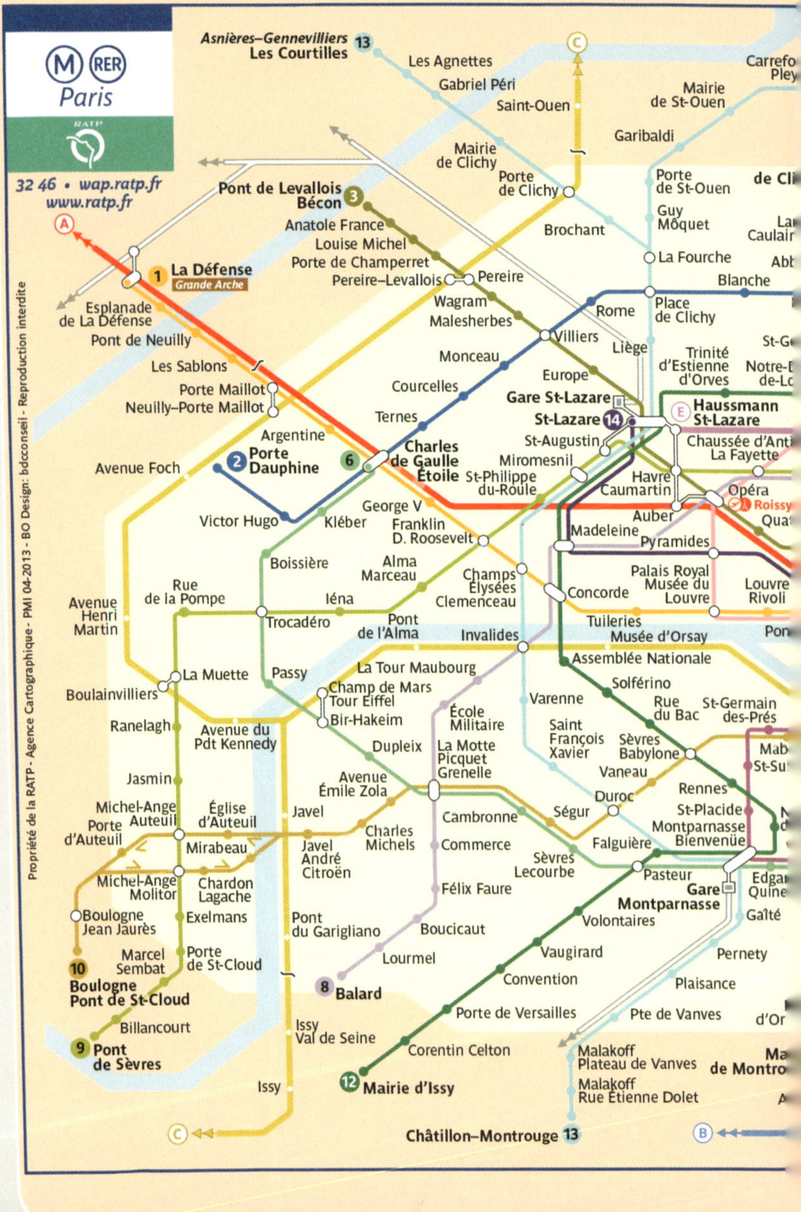
M RER
Paris
RATP
32 46 • wap.ratp.fr
www.ratp.fr
Propriété de la RATP - Agence Cartographique - PMI 04-2013 - BO Design: bdcconseil - Reproduction interdite
Asnières–Gennevilliers Les Courtilles 13
Les Agnettes
Gabriel Péri
Saint-Ouen
Mairie de St-Ouen
Carrefour Pleyel
Garibaldi
Mairie de Clichy
Porte de Clichy
Porte de St-Ouen
Guy Môquet
Brochant
La Fourche
Pont de Levallois Bécon 3
Anatole France
Louise Michel
Porte de Champerret
Pereire–Levallois
Pereire
Wagram
Malesherbes
Villiers
Rome
Place de Clichy
Blanche
A
1 La Défense Grande Arche
Esplanade de La Défense
Pont de Neuilly
Les Sablons
Porte Maillot
Neuilly–Porte Maillot
Argentine
Avenue Foch
2 Porte Dauphine
6 Charles de Gaulle Étoile
Ternes
Courcelles
Monceau
Liège
Trinité d'Estienne d'Orves
Europe
Gare St-Lazare
St-Lazare 14
E Haussmann St-Lazare
St-Augustin
Chaussée d'Antin La Fayette
Miromesnil
St-Philippe du-Roule
Havre Caumartin
Opéra
Roissy
Auber
Madeleine
Pyramides
George V
Victor Hugo
Kléber
Franklin D. Roosevelt
Boissière
Alma Marceau
Champs Élysées Clemenceau
Concorde
Palais Royal Musée du Louvre
Louvre Rivoli
Avenue Henri Martin
Rue de la Pompe
Iéna
Trocadéro
Pont de l'Alma
Invalides
Tuileries
Musée d'Orsay
Assemblée Nationale
La Muette
Boulainvilliers
Passy
La Tour Maubourg
Champ de Mars Tour Eiffel
Bir-Hakeim
Solférino
Varenne
Rue du Bac
St-Germain des-Prés
Ranelagh
Avenue du Pdt Kennedy
École Militaire
Saint François Xavier
Sèvres Babylone
Dupleix
La Motte Picquet Grenelle
Vaneau
Jasmin
Avenue Émile Zola
Rennes
Michel-Ange Auteuil
Église d'Auteuil
Javel
Ségur
Duroc
St-Placide
Porte d'Auteuil
Charles Michels
Cambronne
Montparnasse Bienvenüe
Mirabeau
Javel André Citroën
Commerce
Falguière
Sèvres Lecourbe
Michel-Ange Molitor
Chardon Lagache
Pasteur
Gare Montparnasse
Edgar Quinet
Félix Faure
Boulogne Jean Jaurès
Exelmans
Pont du Garigliano
Volontaires
Gaîté
Boucicaut
Marcel Sembat
Porte de St-Cloud
Vaugirard
Pernety
10 Boulogne Pont de St-Cloud
Lourmel
8 Balard
Convention
Plaisance
Billancourt
Porte de Versailles
Pte de Vanves
9 Pont de Sèvres
Issy Val de Seine
Corentin Celton
Malakoff Plateau de Vanves
Issy
12 Mairie d'Issy
Malakoff Rue Étienne Dolet
C
Châtillon–Montrouge 13
B

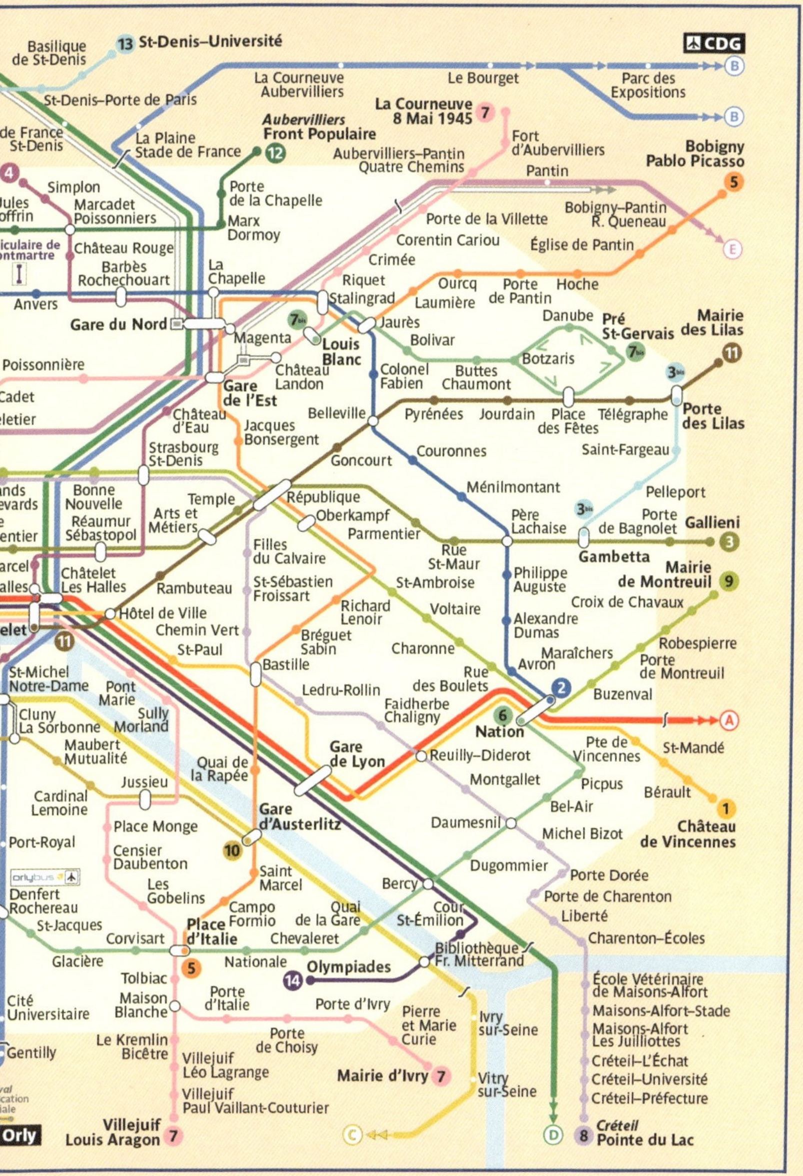

CDG
Basilique de St-Denis
13 St-Denis–Université
St-Denis–Porte de Paris
La Courneuve Aubervilliers
Le Bourget
Parc des Expositions
B
La Courneuve 8 Mai 1945 7
Aubervilliers Front Populaire
La Plaine Stade de France
12
Fort d'Aubervilliers
Aubervilliers–Pantin Quatre Chemins
Bobigny Pablo Picasso
Pantin
5
Simplon
Porte de la Chapelle
Marcadet Poissonniers
Marx Dormoy
Porte de la Villette
Bobigny–Pantin R. Queneau
Château Rouge
Corentin Cariou
Église de Pantin
E
Barbès Rochechouart
La Chapelle
Crimée
Riquet
Stalingrad
Ourcq
Laumière
Porte de Pantin
Hoche
Anvers
Gare du Nord
Magenta
Jaurès
Louis Blanc
Bolivar
Danube
Pré St-Gervais
Mairie des Lilas
7bis
11
Poissonnière
Château Landon
Colonel Fabien
Buttes Chaumont
Botzaris
3bis
Cadet
Gare de l'Est
Place des Fêtes
Télégraphe
Porte des Lilas
Château d'Eau
Jacques Bonsergent
Belleville
Pyrénées
Jourdain
Strasbourg St-Denis
Goncourt
Couronnes
Saint-Fargeau
Bonne Nouvelle
Temple
République
Ménilmontant
Pelleport
Réaumur Sébastopol
Arts et Métiers
Oberkampf
Parmentier
Père Lachaise
Porte de Bagnolet
Gallieni
3
Filles du Calvaire
Rue St-Maur
Gambetta
Mairie de Montreuil
9
Châtelet Les Halles
Rambuteau
St-Sébastien Froissart
St-Ambroise
Philippe Auguste
Croix de Chavaux
Hôtel de Ville
Richard Lenoir
Voltaire
Alexandre Dumas
Chemin Vert
Bréguet Sabin
Charonne
Robespierre
St-Paul
Maraîchers
Porte de Montreuil
St-Michel Notre-Dame
Pont Marie
Bastille
Rue des Boulets
Avron
Buzenval
Sully Morland
Ledru-Rollin
Faidherbe Chaligny
Nation
2
6
A
Cluny La Sorbonne
Maubert Mutualité
Quai de la Rapée
Gare de Lyon
Reuilly–Diderot
Pte de Vincennes
St-Mandé
Cardinal Lemoine
Jussieu
Montgallet
Picpus
Bérault
1
Place Monge
Gare d'Austerlitz
Bel-Air
Daumesnil
Château de Vincennes
Port-Royal
10
Michel Bizot
Censier Daubenton
Dugommier
Porte Dorée
orlybus
Denfert Rochereau
Les Gobelins
Saint Marcel
Bercy
Porte de Charenton
Liberté
St-Jacques
Campo Formio
Quai de la Gare
Cour St-Émilion
Place d'Italie
Corvisart
Chevaleret
Charenton–Écoles
Glacière
Nationale
Bibliothèque Fr. Mitterrand
Olympiades
14
Tolbiac
École Vétérinaire de Maisons-Alfort
Cité Universitaire
Maison Blanche
Porte d'Italie
Porte d'Ivry
Pierre et Marie Curie
Ivry sur-Seine
Maisons-Alfort–Stade
Maisons-Alfort Les Juilliottes
Le Kremlin Bicêtre
Porte de Choisy
Gentilly
Villejuif Léo Lagrange
Créteil–L'Échat
Mairie d'Ivry 7
Vitry sur-Seine
Créteil–Université
Villejuif Paul Vaillant-Couturier
Créteil–Préfecture
Orly
Villejuif Louis Aragon 7
C
D
8 Créteil Pointe du Lac

Índice de ruas, monumentos e atrações

Os nomes de ruas, monumentos e atrações estão classificados em ordem alfabética. As letras em negrito **A, B, C...** indicam o bairro e o mapa correspondente.

RUAS